社員のやる気に火をつける！

コスト削減の教科書

(株)コスト削減総合研究所
専務取締役所長
村井哲之

ダイヤモンド社

はじめに

伸びている会社を支えているのは、「コストを削減する力」だった！

「コスト削減」という言葉から、あなたは何を想像するでしょうか。

必要に迫られなければ、手をつけることのない経営者や企業、できればやりたくないと考えている多くの人たちにとって、コスト削減とは、間違いなく、「つらい」「やり甲斐がない」「続かない」というネガティブなものとして位置づけられています。

それ以上に、このような懸念があるからではないでしょうか。

「いたずらにコスト削減を推し進めると、従業員たちが仕事へのやる気を失ってしまうのではないか。そうなれば、意味がないどころか、組織としてマイナスに作用してしまい、コストを削減できた以上に失うものが大きいのではないか……」

勘違いの部分もありますが、これは事実でもあります。

私は15年間、さまざまな角度や観点、仕組みやノウハウを通じて、多くのお客様のコスト削減に取り組むことで生業を立ててきました。

そこで、企業の「ある姿」が見えてきたのです。

確実に大きな成長を遂げた組織や企業に、コスト削減の観点からコンサルティングに入った際に気づいたのですが、急速な成長を陰で支えているのが、まぎれもない**ローコストオペレーション**だったのです。

私は大きな勘違いをしていました。

伸びている会社というのは、とかく売り上げ規模の拡大によるバイイングパワー（購買力）と派手な広告・宣伝だけが、高成長の要因だと思っていたのです。

しかしそこには、お客様の期待価値を創造する〝**マーケティングのDNA**〟に加えてもうひとつ、常に企業利益の最大化を実現する〝**コスト削減（最適化）のDNA**〟が現場に芽生え、根づいていました。それが、ローコストオペレーションという形で、会社の成長を支えていたのです。

伸びている会社で働く従業員たちには、**経営者や管理職と同じレベルで**コストが見えていました。そして、コスト削減を「**楽しく**」「**やり甲斐がある**」「**継続する**」ものであるという、ポジティブなものとして当たり前のようにとらえていたのです。

結果、「コスト削減を通じて会社が元気になっていた」というわけです。

●**ポジティブなコスト削減**と、ネガティブなコスト削減
●**順調に業績を伸ばすコスト削減**と、先細りのコスト削減

その差はどこにあるのでしょうか。

そこには、コスト削減を社員のモチベーションアップにつなげる、確かなノウハウとナレッジがありました。

社員のやる気に火をつける、モチベーションアップのためのコスト削減術がありました。

正しいコスト削減は、人、組織、会社を元気にする源でもあったのです。

これこそが**真のコスト削減の姿**であると確信しました。

このことを「**正しいコスト削減**」として、体系化して『教科書』にまとめあげ、ひとりでも多くの方々に伝えたい。それが今回の執筆のきっかけです。

コスト削減は、コストマネジメントでもある

コスト削減とは、本来的には**コストの**「**最適化**」であり、**コストの**「**マネジメント**」です。決して、どこかにしわ寄せが行く無理な価格交渉や、従業員が我慢をしたり、彼らに無理を強《し》いることではありません。

削減という言葉から、「クビ切り」などネガティブな言葉を想像する人もいると思いますが、肝心なのは削減というよりも「**最適化**」**と、そのための**「**マネジメント**」なのです（本書では、わかりやすさのために、あえてコストの「最適化」や「マネジメント」といった言葉ではなく、コストの「削減」、コストを「下げる」という表現を使っています）。

マーケティングには１００％の成功法則はありませんが、コストマネジメントには、程度の差はあれ、やれば必ず経費が下がり、会社の利益が増すという**１００％の成功法則があります**。伸びている会社は、ある意味、この確実な成功法則に従っていただけなのかもしれません。

コスト削減にはいろいろな方法がありますが、本書では、

●**エネルギーコスト**（電気代、都市・プロパンガス代、上下水道代等）
●**オフィスコスト**（通信費、コピー代、家賃、ビルメンテナンス費等）
●**オペレーションコスト**（パート人件費、ロス率対策費等）

に分類し、この中でも取り組みやすさ、効果の即効性及び大きさの観点から「エネルギーコスト」と「オフィスコスト」にスポットを当てていきます。

「利益を上げる！」ためのコスト削減という考え方

下図がさらなる利益アップのための方程式です。

そこで、方程式の解である「利益」を最大化するために、「いかにコストマネジメント（削減）の成果を極大化するか！」が重要になります。

この観点から考えると、従業員のやる気を低下させるコスト削減などありえません。やる気が下がることで利益が上がることなどありませんから。

さらには、解答の出し方を機械的に覚えたのでは応用が利きません。『教科書』というからには、解答を導き出す**プロセスこそが大事**です。

例えば、コスト削減の考え方がトップから現場に浸透し、

マーケティングの効果 － コスト削減（マネジメント）の成果 ＝ さらなる**利益**

現場からコスト削減のアイデアがどんどん飛び出す。そして削減できた分＝利益は、従業員全員に配分する。このような試みを通じて、従業員のやる気がアップし、皆が同じ目的のために一致団結し、自分たちの働く会社に誇りを持つようになれば、**コスト削減で得た利益以上の〝財産〟を手にすることができる**のです。

コスト削減は「会社を元気にする源」である！

もうおわかりになったと思います。

コスト削減は「楽しい」ことです。「ポジティブ」で「やり甲斐」があって、そして「儲かる」ものなのです。つまり、「社員をやる気にさせる」「社員のモチベーションを上げる」のです。

ひとりの社長、数名の経営陣の考え方や意識の変化など、たかが知れています。

一人一人の社員の中に、常に常識を疑ってかかる考え方と、コスト意識を持ち続ける継続の力が芽生え、組織としてのコスト削減ナレッジの収集と活用が始まり、削減効果の検証・評価の仕組みができれば、間違いなく会社は元気になります。

本書は、コスト削減の単なるテクニック本では決してありません。

本書で学んだことが **〝コスト削減のＤＮＡ〟としてあなたの職場や社員の間に根づき、企業風土として引き継がれていくこと**を目指しています。

●お金をかけずに、正しい考え方と心構えひとつで、**誰にでもできるコスト削減**

●**社員のやる気に火をつけるコスト削減**

●時に会社が元気になり、**会社が生まれ変わるコスト削減**

１００人が目覚め、変化・成長していく姿をぜひ思い浮かべてください。

さっそく今から「コストマネジメント」をはじめましょう！

２００6年3月

村井哲之

もくじ

第2章 「正しい」コスト削減のための5つのポイント

第3章 正しいコスト削減のキーワードは、「徹底した見える化」

第4章 まだまだできる! コスト削減20の教材

コスト削減 用語解説 目次

序　章

コスト削減は、従業員を増やすことである！

人を減らすのは、正しいコスト削減の手法ではありません。
ましてや、鉄筋の数を減らすなどは言語道断です。
社員のコスト削減に対する正しい考え方であり、
その意識の変化こそが、コスト削減の源なのです。
この章では、2つの事例を通じて、
コスト削減の「本当の目的」を学びます。
コスト削減の本当の目的……
それは「社員のやる気に火をつける」ことです。

コスト削減は従業員を減らすことではなく、増やすことである！

先にお話ししておきたいことがあります。

コスト削減は、苦しくなってから取り組むものでは決してありません。

買収された企業や再建中の企業にコスト削減のコンサルティングに行くと、すでに人を大幅に減らしている場合、話を始めると、たいてい次のように言われます。

「最近人がすっかり減っちゃって、その分忙しくてコスト削減に取り組む時間もないよ」

当然、会社には元気のかけらも感じません。

人を減らすのは最も安易な利益のかさ上げの仕方であり、本書『教科書』の中では決して**正しいコスト削減の手法とは位置づけていません**。企業の将来の発展につながらないコスト削減などあり得ないのです。また、社員のコスト削減に対する正しい考え方であり、その意識の変化こそがコスト削減の源だからです。

以前、すでに店頭で働く店員の数を減らしていた地方のあるホームセンターのコスト削減を手伝いました。社内のコスト削減プロジェクトチームと一緒になって、短期間で**年間ランニングコスト1000万円の削減を実現**しました。その後、さらなる削減の施策を打ち合わせている時のこと――。副社長がやって来て、「もっと無駄な経費を削減して、それを原資にもう一度店員を増やし、店を大いに活性化させたい。店頭が、常に多くのお客さんと店員のコミュニケーションでむせ返っている。そんなお店にしたいのだ！」と、真剣におっしゃいました。本音です。

もっとこちらの会社と早く出会っていれば違った結果もあったと思います。徹底した無駄の排除で、店員とお客様の接する時間を1分でも多く確保する。

コスト削減は、店頭でお客様に向き合う店員の数を減らすことではありません。増やすことです！　**取り組む「順序」を間違えてはいけません**。

そんな中、2005年後半から騒がれている耐震偽装問題も同じことが言えます。鉄筋の数を減らすことなど、コスト削減でも何でもありません。

消費者が欲しいのは、広くて良質なマンションです。大手に負けることなくこれを提供するために彼らが本来とるべきであった行動は、コスト削減の基本のひとつである「**まとめて買えば安くなる**」**の原理原則**を活用して、総研（略称）の下に皆で集まり「電子入札（119ページ参照）」を実施すれば良かったのです。

200棟以上のマンションの建設資材をまとめて調達したら、それはそれは安くなったはずです。設計事務所も同じならば、なおさら仕様も統一しやすかったはずです。

その結果、逆に、安く手に入れた鉄筋の数を増やし、大手よりも広くて安い、かつ地震にも強いマンションを提供できたと思います。そのような立派なマンションなら、営業マンがいなくても売れていきます。そうなれば、営業経費の削減にもつながります。

何のためのコスト削減なのか――。

その**志**《こころざし》**の正しさ**とそれを社員にきっちりと伝え、その先にある**目指す会社の姿**を見せてあげることこそ、経営者の責任です。それができる人を経営者と呼びます。残念ながら耐震偽装グループ各社には、そういった意味での社長は1人としていませんでした。

コストを下げることで「社員をさらにやる気にさせる」のが、コスト削減の本当の目的！

「コスト削減で社員のやる気に火がつく」ということが嘘ではないことを、まず2つの事例で証明しておきます。

1. 社員のやる気に火をつけて、年間1500万円の電気代の削減に成功した地方企業

この会社では、3つの工場で使っていた**年間1億円の電気代を15％削減しました。**

といっても、何か電気代をカットするような機械を取りつけたわけではありません。

プロセスは、いたってシンプルです。

まず工場ごとに、従業員誰もが手元のパソコンから30分ごとの電気の使用状況をいつでも確認できるようにしました。「従業員誰もが」というのがポイントです。そして電気代を中心としたコスト削減で気づいたことや成果が上がったことをネット上に自由に書き込め、従業員間で情報を共有化できる簡単なシステムも追加しました。

つまり、普段誰も意識していない「電気」を、誰もが、いつでも、どこからでも見えるように（本書では、これを**電気の「見える化」**と定義します）しました。

次に、**「削減できた電気代の3分の1を給与として支給する」**と各工場の組合に約束しました。

①見える化
②ノウハウの共有化
③明快な分配ルール

この3つが揃うことで、1500万円もの削減を短期間で確実に実現できたのです。

大幅なコスト削減が実現して以降、この会社ではイントラネット上の書き込み欄に節電や省エネのアイデアが書かれていない日は1日もありません。

「よくもまあこれだけアイデアが出てくるものだ。ふむ、今までは何だったのだ……」これが正直な社長の感想でした。また、「年に7万円の給与のアップになるのですよ。やり甲斐がありますす」とニコニコ顔で答えてくれた工員の方の素敵な笑顔がそこにはありました。この、従業員の笑顔とやる気を引き出すことが、本当のコスト削減の目的だといっても過言ではありません。

2. 強い意志と一致団結が、コスト削減と企業の活性化を生んだリゾートホテル

同じような取り組みを、琵琶湖畔の某リゾートホテルも行っています。

全従業員が電気の無駄を徹底的に取り除いたら、いったい1日でいくらの電気代を節約できるのか？　これを「ケチケチキャンペーン」と名づけて取り組んだ結果、その金額は**1日2万円強**に達しました。年中無休です。**年間で約730万円もの削減になります**。驚いてください！　**純利益**です。従業員の一致団結が生み出した大きな成果です。

その後、月2回の「コスト削減委員会」も確実に定着しました。現在は、その成果の配分に関して、経営への提案をまとめています。

皆で目標を立て、取り組み、達成し、その成果の一部を皆で分け合う。分かち合った喜び、皆でやり遂げたという**成功体験の積み重ね**が、次なるステージに向けて企業を活性化しています。

どちらの事例も、**コスト削減を通じて社員のやる気に火がついた結果**です。

第1章

そのコスト削減は間違っています！コスト削減10の誤解

コスト削減ができない理由には、いろいろあります。

まず、コストの“森”全体（どこにコストがかかっているのかの全体像）が見えているか否かです。

“木”（細部）ばかり見ていたのでは、コストは下がりません。

取り組みへの優先順位すらつけられません。

次に、経営陣や社員がコスト削減に対する「正しい」考え方を持っているか否かです。

最後は、コスト削減に関する正しい情報と手法を知り、さらには持ち得ているか否かです。

この章では、陥りがちなコスト削減の誤解とワナについて解説します。

誤解①

最大経費のひとつである水道光熱費は、公共料金だから下がらない

いろいろな方と話をしていて、気づくことがあります。

電力会社や都市ガス会社は民間企業だと理解していても、そこからの電気やガスの購入に関しては、なぜか公共機関的なとらえ方をしてしまい、「コストを下げる」という発想自体が抜けていたり、下げることを最初からすっかり諦めてしまっていることです。

戦前、日本には何百という民間の電力会社がありました。それを戦後「電力は産業の米」ということで国策として10社にまとめたのが、現在の電力会社の姿です。この立派な民間企業に、我々は電気代として毎年10社に14兆円ものお金を支払っています。

ヨーロッパには巨大な民間企業がありますが、日本では水道事業はすべて行政が運営しています。とはいえ、日本でも民営化の可能性はゼロとは言えません。行政ゆえの非効率運営が水道局間の大きな料金格差を生んでいて、同じ水なのに**水道料金の内々格差**（国内での価格の差）**は4〜5倍**。最近になってやっと、半民営化の動きが出てきています。

いずれにしても、**電気もガスも水も**基本的には「**まとめて買えば安くなる**」「**長期間使う約束をすれば安くなる**」**が通用する**世界であるとの認識が大事です。

それからもうひとつ、コスト削減のために必要かつ重要な認識があります。

これらの経費は、通信費やコピー代と比べて格段に額の大きい経費であるにもかかわらず、ほとんど**リアルタイムでは経営者の目に触れることがない経費項目**であるということです。

工場のエネルギーコスト全体に占める電気代の割合を調べると、その割合が70%を切っているところはないと言っても過言ではありません。しかし、経営者の手元に来る情報は「先月何kWh（キロワットアワー）使い何百万円でした。確かに領収しました」というお知らせだけです。

最大経費でありながら、決して稟議書が回ってくることがないお金なのです。

コスト削減point 電力会社、ガス会社は立派な民間企業！ だから公共料金も下がります。

誤解②

コスト削減＝ネガティブ、暗い、徒労感、我慢する、リストラetc.

日本ではなぜ、コスト削減というと「リストラ」↓クビ切り↓無能経営者↓ひどいこと……となってしまうのでしょう。コスト削減は最後の最後に行うもの、できればやりたくない……。そう思っている経営者がなんと多いことか！「『コスト削減』と言うと、社員が萎縮する」と、コスト削減という言葉を口にすることさえ嫌がる人もいます。

本来「リストラ」は、リストラクチャリング、つまり事業の「**再構築**」という意味です。〝人財〟を含めた経営資源をその企業が最も強いところに集中投下し、再構築の過程で余剰になった人員は、必要としている他部門や関連会社に再配置する。そしてどこにも活かす場所がない場合の最後の選択肢が、辞めてもらうことです。また、余剰人員を活かすべく企業に新たな方向性やビジネス展開を考えることこそ、経営者であり経営陣の役割です。

小型・中型モーターの製造を中心に事業を展開している日本電産は、M&Aした会社を、人を減らすことなく信じられないスピードで蘇らせています。キーワードは間違いなく

「コスト削減」、主役は従業員です。そこには、コスト削減を通じて従業員一人一人の心に火をつけ、やる気にさせるノウハウでありナレッジがあるのです。

最近、すでに日本流リストラを実施した企業やM&Aされた企業に、コスト削減のコンサルに行きましたが、「人が減った後の企業でのコスト削減は非常にやりにくい」と強く感じました。

一方、年商規模では10分の1の企業に買収された年商600億円の不動産会社にも削減のコンサルティング（以下コンサル）に行きました。人は減っていません。あにはからんや〝小〟にのまれたことで経営陣の意識が変わり、それが社員にも伝わり、**「コストが削減できることであれば何でもアドバイスをください。自分たちも変わらなくてはいけません！」**と、高い意識を持った方々で、そこには無尽蔵のコスト削減の可能性を感じました。

コスト削減は、**〝人財〟を守りながら企業活性化をするための経営戦略**なのです。

コスト削減point

コスト削減は、「リストラをしないために行うもの」です！

誤解③

コスト削減は、総務やスタッフの仕事だ

中堅・中小企業にコスト削減のコンサルに行き、仕事を依頼される段になると、必ずと言っていいほど、「あとは管理担当の役員に言っておくから、よろしく頼みます」とか「総務部長に言っておくので、今後はそちらとやってください」などと、社長から言われてしまいます。こう言われた場合には、申し訳ありませんが、仕事をお断りしています。

総務部長は今でも社内の雑務で手一杯です。コストを本格的に削減しようと思うと、やればやるほど、「過去のデータを徹底して洗い出す」という大変煩わしい作業が生じます。

かといって、**コストが見事に下がっても、総務部長や総務部門の評価はたぶん上がりません**。それどころか、コンサル会社のアドバイスで見事なまでにコストが下がると、ひどい社長は総務部長の評価を下げます。むなしい仕事になってしまうのです。

「君は、今までこんなに無駄なお金を払ってきたのか？」と総務部長に詰め寄る社長や、中には「過去にさかのぼって返してもらいなさい！」とまで言った経営者もいます。

アメリカでは、総務部は企業全体の生産性アップという観点からコスト削減やシステム化の推進を行う、ゼネラルスタッフです。日本での総務はスタッフ業務全般、乱暴な言い方をすれば、雑務部門です。「問題なく企業が収益を上げ続けることができる環境作り」に自らの役割を限定しています。総務に任せっぱなしでは、コスト削減は進みません。

同じことが設備担当者にも言えます。電気代に関する削減コンサルの分野になると、管理担当役員や総務部長が、電気設備に詳しい担当者を必ずと言っていいほど呼んできます。ここにも大きな勘違いがあります。彼らにとっては「ビルや店舗が問題なく運営されている姿」がゴールです。そこには、コスト削減という考えが入っていく余地はありません。

また、関東圏のある中堅スーパーの社長が、全店舗のコストを徹底的に見直すプロジェクトを立ち上げた際、設備担当者をメンバーからはずしました。社長いわく「何を提案しても、『できない理由』のオンパレードになるから」。この言葉がすべてを物語っています。

コスト削減point

総務や設備担当者に任せっきりでは、コスト削減は実現しません。

誤解④

コスト削減活動はなかなか継続しない。定着しない

先だって、大手スーパーの役員の方がはるばる地方から訪ねて来られました。内容は店舗のコスト削減の相談でした。「この夏、全店を対象に『クールビズ』を実施したのですが、冬の『ウォームビズ』がなかなか各店の店長に受け入れられないのですよ！　中にはそっぽを向いている店長もいるし……」と、本音を漏らし、悩んでいらっしゃいました。

また、最近では社長が言い出して、席を離れる時の「パソコン電源ＯＦＦ運動」が始まったそうですが、こちらも社長が自ら実践した3日間だけだったそうです。

当たり前です。店長が言うことを聞くはずがありません。聞いたとしてもそれは表向きだけでしょう。従業員に伝わり、成果を生むことなど、まず考えられません。

なぜなら、**そこには効果の検証もなされていなければ、評価もないからです**。

この夏のクールビズ運動の結果、各店で何ｋＷｈの省電力＝**何円のコスト削減につながったのか**。これが数値で把握できていれば、「クールビズで効果があったので、今度はウ

ォームビズで行こう！　空調機は冷房よりも暖房のほうが電気を食うので、省電力によるコスト削減効果はウォームビズのほうが大きくなる。さあ全店で頑張ろう！」と、なったはずです。パソコン電源OFF運動も、同じです。

この夏のクールビズ運動はどの店舗が頑張って、どの店舗が手を抜いたのか。また、そのことが店舗や店長の**評価にどうつながっているのか**。これらを**従業員が把握しているかどうか**。夏の活動の効果検証を店舗ごとにきちんと行い、それを店舗評価に直結させていたら、ウォームビズ運動を各店長に本気で取り組ませることなど簡単だったはずです。

コスト削減が定着しないのは、誰のせいでもありません。どんなに怖い社長や優秀なスタッフが考えようと、そこに効果の検証と評価の仕組みがない限り、コスト削減のＤＮＡが定着し、引き継がれることはないのです。

コスト削減point

成果の検証をきちんとしましたか？評価の対象にしていますか？

誤解⑤

「前任者がよくやっていたから……」「自家発電は専務が決裁したから……」

以前、今では売上高1兆円を超えるレジャー産業グループの省エネの仕事に関わったことがあります。数億円を超える省エネシステムを納入後、その効果検証を手伝いました。

まずはデータの分析です。効果は出ていて損はさせていませんでしたが、提案した削減金額は明らかに未達成でした。営業マンが担当者に結果の報告書を持って行くと、「効果が出ているように、報告書を作り変えるように」と指示されたそうです。

導入を決裁した当時の課長は、担当者の直属の上司である部長に昇進していました。指示の理由は言うまでもありません。

このような**「前任者」という名のコスト削減を阻む壁**は、そこらじゅうにあります。

最近、自家発電から従来の電力会社からの電力購入に切り替えるコンサルティングを依頼されることが多くなりました。また、石油高なので、どう考えても、重油を燃料とする自家発電では割が合わないお客様がたくさんいます。しかし、依頼されるものの、この切り替えが、なかなか進まないのです！

なぜ進まないのかというと、設備や総務の担当者の上に、以前自家発電の導入を決裁した専務や副社長がまだ残っている場合です。いくら会社のためになるといっても、前任者たる今のシステムを決裁した人や、彼らのしてきた仕事を否定することになってはいけないというわけです。気持ちはわかりますが、本気でコスト削減を推し進めるなら、**前任者のやってきたことこそ宝の山**と心得てください。否定するのではないのです。環境は変化するものなのですから！

とにかく、コスト削減を始めたら**聖域は設けない**ことです。ただし、バッサリやるのではなく、きちんとした効果の検証から始めることが重要です。

いずれにしても、第一ステップは「現状はどうなっているのか」を、きっちり把握することから始めましょう。

コスト削減point

前任者のやってきたことこそ宝の山。聖域を設けず、やり遂げましょう。

誤解⑥

コスト削減は自社だけで取り組むもの。外部に任せるなんて……

確かにいます。すべてを自社でやろうとする経営者の方。このことは否定はしません。

ただ、こんな身近な実例があります。ある上場企業に、コスト削減に関してかなりの知識と経験を持ち、かつ、生産性の指標作りや工程管理、人時《にんじ》管理の手法もマスターしている部長がいました。その方が、「**コスト削減を自社内の人間を使ってやるのと、コスト削減をアウトソーサー（外部の受託企業）に任せて一定の報酬を支払ってやるのとでは、結果的にどちらが安くつくのか**」を試算しました。比較検討上、アウトソーサーへの報酬金額はコスト削減試算金額の半分（1年間のみ）としてシミュレーションを行いました。

結論は、後者でした。現在、その会社はコスト削減をアウトソーサーに任せて確実かつスピードをもって次々と削減実績を積み重ねています。

だからコスト削減は外部に任せなさいと言っているのではありません。**コスト削減に大事なのは、スピードと情報量です**。こうしてやり方を検討している間も、削減のためのデータを集めている間も、ムダな経費が出て行っている可能性が高いということです。というか、はっきり言って出て行っています。

私がコスト削減のコンサルに伺うたびに、社内で立ち上げた削減プロジェクトのメンバーの女性が、私の一言一句を漏らさずパソコンに入力していた……という一部上場企業がありました。「コスト削減総合計画書」の完成報告と今後の実施計画を説明に行った際、プロジェクトリーダーからこんな告白をされました。

「正直に言います。当初は貴社のコスト削減ノウハウをすっかりいただこうと思って、一字一句漏らさずに入力していました。しかし、その広さと深さに、今あきらめました」

「人材派遣会社の人間に経理を任せるなんて自殺行為だ」と言っていたのが決して遠い昔ではないことを思い出してみてください。〝コスト削減業界〟があるのなら、それもまた然《しか》りです。

コスト削減point

削減のノウハウを取得している間も、ムダなコストがかかり続けています！

誤解⑦

コスト削減の基本は、「ムダ遣いしない」「再利用する」に尽きる

どこの会社でも一度くらいは経験があると思います。

総務から「ミスコピーは捨てないで取っておいてください。裏紙で使用しますから！」とのお達し。そして、いつの間にかお偉いさんの鶴の一声で使われなくなり（せいぜいメモ用紙に化けるくらい）……。

大量のミスコピー用紙が、貴重なオフィススペースを占拠してうずたかく積み上げられたままになっていませんか？　コピー用紙代は、新しく購入しても何十銭の世界です。今から書き連ねる弊害と比べて、本当に価値ある「コスト削減」なのでしょうか？

コピーに裏紙を使用することの弊害

- 裏表を間違えることがあり、ＦＡＸで送られてきた重要書類などがきちんと処理されない可能性

●コピーするたびに裏紙か普通用紙かの確認作業。裏紙に間違ってコピーし、再コピーをしてしまい、結局経費がかかる（用紙は何十銭、再コピーは3〜5円／枚）
●紙の大きさはA3、A4、B5判とさまざま。併せて、カラーとモノクロの分類も必要。ホチキス留めの原稿はそれをはずす作業も。裏表を間違わないために、裏面に×《バツ》をつける作業も。整理箱が（紙のサイズ3種×2〈カラー・モノクロ〉＝最低6箱）は必要！
●ホチキスの芯が残ったままの紙を使用しコピー機が壊れたり痛むことにより、コピー機のメンテナンスや修理代が増加（寿命減）。故障・修理の間、仕事が止まることのデメリットも大きい

あげればきりがありませんが、裏紙の使用を全面的に否定しているわけではありません。まずは、用紙代の単価と月間で使っている枚数、そしてコピー機ごとのカウンター料金を把握してください。そして、弊害とのバランスの中で、裏紙利用がすぐにコスト削減につながる環境か否かを、**極力数字ベースで試算**してください。「再利用しているからコストは下がっていると思う」のだけはやめてください。それは100％幻影です。

もっと大事なことは、コピーの枚数を減らすことです。

どのコピー機の稼働が激しいのか？　何に一番使われているか？　それが会議なら、根本に立ち返って会議の参加者の決め方と人数の的確な把握、会議への持ち込み資料はA4用紙1枚だけにするといったルール決め、そして徹底した運用です。

便利なものがそこにあるから、ついつい使ってしまうのです。昔、フロアーごとにコピー機がなかった時代は、不便で営業できませんでしたか？　カラーコピーのためにコンビニに走っていた時代には、極めて料金が高かったので、熟考して最低限のコピー枚数に絞っていた気がします。

リサイクルすることが大事なのではありません。**リサイクルしなくてもいいようにすることこそ大事なのです！**

時代は3Rから4Rに変わりつつあります。

コスト削減point

リサイクルやムダとりの前に、「やれること」がたくさんあります！

コスト削減 用語解説 一般用語編

【3Rとは】

大量生産・大量消費・大量廃棄型の経済活動を続けてきた日本は、現在さまざまな問題に直面しています。例えば、廃棄物の最終処分場の逼迫などの環境制約、将来的な鉱物資源の枯渇に対する懸念などの資源制約など。

今後、日本が持続的な発展を達成する上で、これらの制約要因への対策が課題です。具体的には、廃棄物・リサイクル問題は喫緊の対応が必要となっています。

環境・資源制約への対応は、経済成長の制約要因ではなく、むしろ新たな経済成長の要因として前向きにとらえ、環境と経済が両立した新たな循環型経済システムを構築することが急務となっています。

循環型経済システムを構築するための基本的な考え方は、平成11年の産業構造審議会における報告書「循環型経済システムの構築に向けて」の中で取りまとめられています。

従来のリサイクル（1R）対策を拡大して、**Reduce**（**リデュース**：廃棄物の発生抑制）、**Reuse**（**リユース**：再使用）、**Recycle**（**リサイクル**：再資源化）といった、いわゆる「スリーアール（3R）」の取り組みを進めていくことが必要であると提言されました。

最近では、必要性そのものを大本に返って考え直しをする**Rethink**（**リシンク**）を加えて**4R**と呼ぶことがあります。

誤解⑧ 「相見積もりを取って2割コストダウンしました！」では、安くなっていない

有名な雑誌社から会社宛にメールにてコスト削減のコンサルティング依頼が飛び込んできました。話を聞いてみると、株価を上げるためにも利益を出さなくてはということで、社内にコスト削減のプロジェクトを立ち上げ、いろいろと準備をしているとのことでした。

「手始めに販売会社と今回のコピー機の入れ替えに際して交渉し、モノクロコピーのカウンター料金単価については、従来よりも20％もコストダウンしてもらいました！」と担当者は誇らしげに言っていました。ちなみに、カウンター料金とは、コピーをとる度にカウントされるもので、毎月カウンター数に応じて支払う料金のことです。

それとて、利用枚数からしてみればもう一段ではなく二段の引き下げが可能と思われたものの、そこは出端《でばな》をくじいてはいけないと思い、「まあまあですね。では、カラー機のカウンター単価はいくらですか？」と話を進めました。

そこで担当者の口から出てきた金額には、正直驚きました。たぶん小社の１００倍の枚

数のカラーコピーを使っているにもかかわらず、小社より高い単価で買っていたのです。おそらく、今回のコピー機のリニュアルに際して、販売会社の営業マンはモノクロの単価を20%ディスカウントすることで、収益源であるカラーコピーの単価を守ったのでしょう。

雑誌社は、今後ますますカラーコピーにシフトしていくはずです。カラーの原稿は、何もしなければ機械が勝手に判断してカラー出力する時代です。カラーである必要がなくても、ついカラーでコピーしてしまうこともあるでしょう。

まさに販売会社の営業マンの勝利です。担当者がこの1年のモノクロとカラーコピーの金額を含めた使用状況の推移をきちんと把握し、加えて隣の企業の情報（横情報）を持っていれば、こうはならなかったのです。

しかし、このことを担当者に伝えても「うちは雑誌社なのでカラーコピーが壊れると大変なことになります。メンテナンスに関して特別な対応をしてもらっているので、これ以上の交渉は難しいと思います」と返されてしまうでしょう。なぜなら、今までに全く同じ返答を、同じ業界の4社から聞いたからです。

結局、4社とも交渉の結果、**最終的にはモノクロもカラーも単価が引き下げられました。年間で500万円のコピー代の削減**につながった会社もありました。

大事なことは、**「うちはよくしてもらっている」と思うのではなく、常に「隣の会社はどうなのだろう」と考え続けること**です。自分の会社の立ち位置がわからなければ、コスト削減のコンサルティング会社に無償の診断を依頼することです。**間違っても、自分（自社）を自分（独断）で判断しない**ことです。

また、自社全体の購買の状況を常に正確に把握しておき、業界の会合や各種交流会の際に、**他社と情報交換**をすることも大事です。全国チェーンの塾（ものすごくコピーを使う業種）の**会合で得た横の情報（他の塾の単価）**で、**1000万円以上のコピー代を削減**した上場している学習塾チェーンの社長がいます。

正しい横の情報が価値を生むのです。

コスト削減point

隣の会社や他社の「数字」と、きちんと比較した上で言っているのですか？

誤解⑨
「削減努力をこれ以上現場に指示できない。現場は〝パンパン〟です」

電力コスト削減に際して、「運用の改善（無駄な電気を使わない）で10％の電気使用量を削減します」という提案をすると、2社に1社の社長や経営陣から飛び出すのが「現場は手一杯なのでできません」という返答。運送会社、パチンコ店、病院、スーパー……。確かに従業員の方々が常に忙しそうに動き回っている姿が目に浮かぶ職場です。

では、社長や経営陣は正確に、現場で汗を流している彼らの日々の行動をつかんでいるのでしょうか？　おそらく違います。**現場が見えているようで、見えていないのです。**

ある大手運送会社の役員を訪ねました。役員の口からは「支店や営業所の電気代は削減したいけれど、電気をこまめに消すとか、エアコンの設定温度に気を配るとか、稼動のピークが重ならないように調整するとかは勘弁してくださいよ。ご覧のようにドライバーはありとあらゆる業務を取り込んで走り回っています。スタッフも最小限の人数でやっていますから！」

この言葉を受けて、本社の支店・営業所統括責任者に会いに行きました。

支店・営業所長の経験もある責任者の口からは、意外な言葉が出てきました。

「現場には人員的にも無駄がありますよ。言葉は悪いですが、暇なヤツは確実にいます。店長には売り上げと収益に絶対的な責任を持たせているので、**少々の負担があっても積極的に取り組むはず**です。店長を経験した私が言っているのですから、間違いありません！」

あるパチンコ店の管理部の責任者にも、「これ以上、現場に負荷をかけられない。運用改善による電力コスト削減の研修のためだけに、店長に『1日店を空けてくれ』とはとても言えない」と断られました。

店長がダメなら副店長ということで、どうにか研修会に参加してもらいました。研修は、「電気を大事に使うことは、地球環境の改善につながることである」に始まり、現場における削減のポイントの見つけ方や対応策に至るまで、満載の内容です。

「今回の改善活動に一番反対していたのは、私でした。しかし、実際に電気という、**見えていなかったものが見えてくる**と、おのずと現場からアイデアが湧いてきて、それを皆で話す中で一体感が生まれました。ついには閉店後の深夜に皆で集まってお店のコスト削減対策を練るようにまでなっていました。上から言われたことではなく、『**自分たちが考え**

たことならば徹底できる』ことも わかりました」

現場は、電気代やその使われ方という、今まで見えていなかったものが見えることで、確実に変化し始めました。一方、「自分たちには現場は見えている」と思い込んでいたものが、「実は見えていなかった」ということを強く認識して**変化する必要があったのは、経営陣だった**のです。

売上高1700億円弱で経常利益400億円以上を叩き出しているレジャー会社があります。店舗の店員は、例外なく全員、15分ごとに素手ですべての便器を洗うという作業を365日やっています。頻度を考えると一見効率が悪いのではと思われますが、客単価は競合他社の2倍です。便器洗いを従業員の方が嫌々やっているわけではありません。

現場が自ら動いている中に、業界では考えられない高収益の秘密のひとつが隠されている気がします。

コスト削減point

本当に現場が見えていますか？ 現場には、自ら変わる力があります！

誤解⑩

省エネルギー（コスト）システムを導入してコストを下げる

この誤解が、最も多いのではないかと思います。

よく考えて見てください。せっかく高価な省エネシステムを導入して、電気代を中心としたエネルギーコストを削減するわけです。本当に採算が合うのか、慎重な上にも慎重に検討しましょう。

まずは、導入する前に電力の**購入単価を削減（最適化）しておく**必要があります。これについては第2章で詳しく説明します。

次に、ムダな使用をしないよう、運用部分を徹底的に見直しておきます。ここまでやって始めて、省エネシステムの検討です。

「調達→運用→設備改善」の順番を死守してください。

そうしないと、（ずる）賢い業者は、契約が最適でないがために電力会社に支払っているムダな電気代、運用部分での電気のムダ遣いを見つけ、それらをすべて省エネシステムによる削減効果の予測金額に入れて提案してきます。つまり、システムを入れなくても10％電気代が削減でき、システムを入れるとさらに10％削減できるとしても、「どうです！　システムを導入するだけで、20％も電気代が下がりますよ！」などと平気で提案してくるのです。こうして、間違った費用対効果の下で高価なシステムの導入を検討するはめになります。

また、省エネシステムは単品や2～3品目（システム）の組み合わせのみで導入を検討してはいけません。自らの施設を問題なく運営するために、稼働している設備をその劣化状況を含めてすべて調べ上げ、**160種類を超えるありとあらゆる省エネシステム**（こんなに種類があるんです！）の中から、最もコスト削減や省エネにつながるベストな組み合わせを、すべて洗い出し検討することが大事です。

さらに、もうひとつ大事なことがあります。現時点でベストな省エネシステムやその組み合わせが見つかったとしても、それらの技術革新のスピードは、今後驚異的に上がることが予測されます。将来、自社にとって最良・最適なシステムが開発される可能性があるのです。ということで、基本的には省エネシステムを「購入」したり、「長期のリース契約」をするようなことは避ける必要があります。

最後に、取り巻く環境の**将来予測をしっかりと立ててください**。予測が難しい場合は、しばらく設備に関する**改善（投資）はしないという判断も大事**です。

数年前までは、電力コスト削減のための、重油を燃料とした自家発電がブームでした。自家発電を採用した結果、現状、電力会社から電気を買うよりもはるかに高いコストになっています。一度設備投資をしたがために、やめるにやめられないのです。日々赤字を垂れ流し続けています。

これからは、ことエネルギーに関してはさまざまな削減およびマネジメント手法やシステムが開発されるはずです。それぞれの技術革新も激しいものが予測されます。

変革の時代に大事なスタンスは、**投資をするならどんなに遅くとも2年で確実に回収できるもの**、もしくは、設備投資の形ではなく、その**効果に対するコミットメントで契約できるもの**を中心に取り入れていくことです。

コスト削減point

順番が違います。いきなり投資は絶対タブーです！

第 2 章

「正しい」コスト削減のための5つのポイント

「正しい」コスト削減のポイントとは何でしょうか？
この章では、「正しい」コスト削減を実現するために
気をつける点と、具体的な実践方法を、
5つのポイントにまとめて解説します。
5つのポイントをきちんと押さえられると、
会社全体のコスト構造が見えてきます。
そして、「確実かつ大きな削減」という果実を得ることができます。

企業活動における、「正しい」コスト削減の5つのポイントとは

第1章では、コスト削減に関する、ありがちな誤解や間違った考え方について説明しました。

第2章では、もう少し踏み込んで、「正しい」コスト削減とはどういうものなのか、「正しい」コスト削減をするために気をつける点は何かについて説明します。

この5つのポイントは、「**社員のやる気を高めるコスト削減**」を考える上で、非常に重要です。

しかも、ごくごく**基本的なことばかり**です。さっそく見てみましょう。

正しいコスト削減のための5つのポイント

①過去の経費データを徹底的に収集・分析し、コスト構造の全体像を描き出す

②常に、大本《おおもと》の契約の中身そのものにさかのぼって、そこからの改善を考える

③どんな経費項目も、削減の取り組みの順番を守る（調達→運用→設備改善）
④コスト削減のために新たな投資はしない
⑤外部のコスト削減のための最先端ナレッジを徹底的に活用する

5つのポイントがきっちり押さえられていると、**会社全体のコスト構造が見えてきます。**さらに、それぞれの経費項目の中身もわかります。かかりすぎているのか、普通なのか……。

そして、コスト削減に対する正しい考えの下、正しい情報と手法で、間違った手法で取り組むことなくコスト削減活動を行うと、**確実かつ大きなコストの削減が実現**します。

では具体的にどうすれば、5つのポイントを実践できるのでしょうか。

各ポイントについて、具体的に解説していきます。

コスト削減point

5つのポイントが押さえられていると、会社全体のコスト構造が見えてきます。

5つのポイント①

過去1年間のデータを基に、コスト構造の「全体像」を描き出す

過去の経費データを徹底的に収集・分析し、コスト構造の「全体像」を描き出すこと。これが1つめのポイントです。

ここで質問です。

お客様1人、荷物1個あたりにかかる水道光熱費はいくらなのか、すぐに言えますか？

売り上げに占める店舗ごとの電気代の推移をつかんでいますか？

最低でも経費項目ごとの過去1年間のデータを基に、原単位管理という手法で全体像をつかんでください。

コスト削減を推し進めるにあたって一番大事なことは、**まずコスト構造の全体像をつかむことです**。それは**決算書を見てもわかりません**。水道光熱費や一般管理費として一緒くたになっているからです。まず、

- エネルギーコスト（電気代、都市・プロパンガス代、上下水道代等）
- オフィスコスト（通信費、コピー代、家賃、ビルメンテナンス費等）
- オペレーションコスト（パート人件費、商品ロスに伴う経費等）

に分類し、この中でも効果の即効性の観点から「エネルギーコスト」「オフィスコスト」に的を絞ります。さらに、取り組みやすさと効果の大きさの観点を加えて絞り込んだ、

- 電気代
- 都市ガス代
- 通信費
- コピー代

の4つの経費項目について、**過去1年間分の請求書を用意**します。

「コスト削減だ！」と大騒ぎしても、この過去1年間の請求書さえどこに保管してあるの

かわからない……というのでは問題です。いつでも誰でもすぐに確認できるよう保管しておきましょう。

5％、10％。

この数字は何だかわかりますか？

前者は、飲食店における売上高に占める水道光熱費の割合の標準ライン、後者は、スポーツクラブ業界における売上高に占める水道光熱費の割合の標準ラインです。まずはこのあたりとの比較から始めます。

A店17円、B店22円、C店28円、D店19円。

この数字は？

全国の集客力のある商業施設にテナントとして出店している飲食店の、**同じ1kWhの電気購入単価**です（Wh：ワットアワーは、電気の使用量を表す単位のこと）。このあたりの数字も果たして高いのか安いのかの判断が難しいところがありますので、同じく売上高やお客様の数に基準を揃えて同じ物差しの中で比較して問題点を発見します。

さらに、標準的な数字との比較・検証だけでなく、これらの基準を揃えた数字をもって、施設・店舗間の比較を行うことで新たな問題点を発見することができます。

これらの手法は一般的には「原単位管理」と言われています。工場などでは当たり前のように使われています。「製品1個あたりに投下された電気代がいくら」などです。

まずは、この過去1年間のデータに基づき、今の購入条件、単価がベストなのか？ 購入先の変更も条件・単価交渉もできない状況なら、最適なプラン選択はできているのか？ という把握から入っていきます。これを一般的には**【調達改善】**と呼んでいて、**コスト削減の出発点**でもあります。

コスト削減point

過去1年間分の請求書を用意し、現状把握からはじめましょう！

5つのポイント②

常に「契約の中身そのもの」にさかのぼり、そこからの改善を考える

電気代・通信費・コピー代・ビルの管理費……、契約内容の詳細についてはご存知ですよね？　電気・ガス・上下水道といった公共料金は、**基本は取引量に応じた1年間の契約**です。そこには**常に交渉（引き下げによる購入価格の最適化）の余地**があります。

【調達改善】とは、ズバリ契約条件の見直し（最適化）です。

そうはいっても、大半の方々には「電気・ガス・上下水についてそれぞれの供給元と契約を交わした」という意識がありません。意識がないのですから、その契約期間が1年間単位だなんてつゆにも思っていません。ましてや、そこと交渉するなんて夢のまた夢です。通信については少し感覚が違うと思いますが、そこにあるのも申し込みの行為であって、やはり個別の契約書はありません。コピー機には確かに契約が存在しますが……。

一般的には、**上下水・電気・ガス、通信、コピーの順番に契約意識が薄い**ようです。こ

のあたりの背景もきちんと説明しておきましょう。

まず、**事業法**というものを説明します。通信事業法、電気事業法……。いろいろあります。一言で言えば、「各種事業を営むものに対する法律」です。事業を営むための条件や、してもいいこと、してはいけないことを明確にしています。よって、これに違反して事業はできませんし、したら罰せられます。まさに「法律」です。そして、この事業法により認められた事業者は、そのサービスの提供先との間でいちいちその都度契約を取り交わすのは大変なので、サービスの申し込みに際して、提供する側とされる側との間でサービスの中身や料金に関する約束事をします。これをまとめたものが「**約款**《やっかん》」です。

サービスを受ける側は申し込みにより「約款」に基づいて契約が成立し、サービスの提供を受けることになります。よって、「**約款」は法律ではありません**。サービスを提供する側と受ける側の約束事であって、そこには常に話し合いの余地が残されているのです。当然そこには、「**まとめて買えば安くなる**」とか、「**長期で契約すれば安くなる**」という自由主義経済では当たり前の原理・原則が働きます。

これが、我々需要側が電力、都市ガス、通信会社との間で「**最適な品質と価格でサービ

スの提供を受けるための交渉（協議）が可能である」ことの背景です。

まずは、**契約書**と**約款**の中身に立ち返ってください。

以前、家賃の引き下げ交渉代行ビジネスにスポットが当たったのは、ほとんどのお客様がそこまでは立ち返っていなかったり、そこは企業の中で聖域だったりしただけです。

とは言うものの、いまだにテナントとしての新規出店の際に、電気代、ガス代、上下水道代の単価や決め方の説明も受けないままお店を出すお客様もいれば、一方、電気代単価の設定があまりに高すぎたことに最近気づき、過去にさかのぼっての返還請求の内容証明を大家さんに送りつけた社長さんもいました。

どちらも事実です。あなたはどちらを支持しますか。経営者なら……。

コスト削減point

「まとめて買えば安くなる」「長期で契約すれば安くなる」など、方法はあります！

5つのポイント③

どんな経費項目であっても、削減の取り組みの順番を守る

まさか、設備の改善によるコスト削減から始めていませんよね？

新しい省エネシステムを導入しよう、機械化をはかって効率をアップさせよう……気持ちはわかりますが、まず契約の中身の最適化を行い、次に運用上の無駄をなくす。そして**最後の最後に行うのが設備の改善**です。しつこいようですが、この順番は守ってください。

第1章の【誤解⑩】で、電気代の削減を例にあげコスト削減の手順を守ることの大切さを書きました。本当に大事なことです。この順番を守ることでのみ、一連のコスト削減活動の効果は最大化され、〝削減のＤＮＡ〟が社内に根づき、従業員たちに引き継がれます。

事前に従業員に知らせずに高価な省エネシステムを導入し、そこで省エネ効果が上がったとしても、それで従業員にコスト削減意識が芽生えるでしょうか？　おそらく無関心でしょう。

こんな企業がありました。そこでは、夏場のピーク電力をコントロールして基本料金と使用料金を下げるという省エネシステムのひとつである『デマンドコントローラ』を、各店舗の店長に知らせずに導入したのです。このシステムは、空調機を自動的にコントロールしてしまうため、猛暑の店内でクーラーの効きが悪くなるという事態を招きました。

結局、店内温度が上昇しすぎた結果、お客様からの苦情を受けた店長からの申し出で、1カ所につき数百万円のシステムが全店で眠ったままになってしまいました……このような大手量販店は1社ではありません。

また、使用量を抑えるシステムであれば、使用量が減った段階で電力会社と交渉するよりは、減る前の状況でより安い単価を獲得してから、さらなる使用量の削減に努めたほうが、より削減効果があるのは明らかです。

今まで、コスト削減の世界で15年以上仕事をしてきました。そんな私でも、電気代の削減に関して「**【設備改善】から入ってうまくいった**」**という話は聞いたことがありません**。せいぜい、「効果があったのかなかったのかよくわからない……」でした。

コピー機の世界も同じです。徹底した【運用改善】を先に行うよりも、まずは現在のボリュームでカウンター料金の引き下げ交渉をしたほうが、より単価は最適化されます。

その上で、「今回、モノクロが4円から3円、カラーが25円から20円になりました。【調達改善】によりカウンター料金単価が最適になりましたので、次は【運用改善】によりさらに無駄をなくすことでコストの最適化を図ります。ご協力ください！」と書いた紙を各コピー機のところに貼り出しておく（表現はもっとわかりやすいほうが良いかもしれませんが）。その効果たるや目に浮かびませんか。その上で「コピーそのものは必要なのか」を発想の原点に、徹底した【運用改善】を、**周りを巻き込んで行うべき**でしょう。

電話（通信）も同じです。効率的な通信システムの採用を考える前に、すべての契約を固定、携帯、データ通信を問わず最適なものにする。その過程の中でさまざまなデータを収集しつつ、次は徹底的に使用量の最適化を突き詰めてみる。そして最後に、突き詰めた使い方に最も合った通信システムを採用する。私はこのプロセスで、個人的に4万円の携帯電話代を2万円にしました。半額です！

コスト削減point

調達→運用→設備改善。どんなコストも、この順番で取り組みましょう！

5つのポイント④

コスト削減のために新たな投資はしない

何度も申し上げますが、コスト削減のために何かの投資をするのは、最後の最後にしてください。もっといえば、一切の投資をせずに、【設備改善】を行う方法があるのです！

先ほど説明しました、【調達改善】【運用改善】は基本的には投資を伴いません。問題は【設備改善】です。第1章の【誤解⑩】でも触れましたが、お金をかけての設備投資には、極めて慎重な判断が必要です。

ところで、**投資をせずに【設備改善】をする方法**があることを、ご存知でしたか？

ESCO《エスコ》（Energy Service Companyの略。省エネ支援サービス）事業という言葉を聞いたことがあるでしょうか。これは、**計画段階で省エネ効果（省エネ見込み量）を保証し、顧客が実際にコスト削減に成功した中から報酬を受け取るという、成功報酬型のモデル**です。

大手企業や官公庁ではＥＳＣＯ方式を採用するところが増えてきています。具体的には、年間で削減できると提案を受けた金額の中から、一定の割合を一定期間払い続けるという、「効果のコミットメントに基づくレンタル方式の契約」と理解してください。事前にコスト削減の成果が保証され、しかも設備投資などの大がかりな初期投資は不要です。一方、ESCO方式を提案する側にしても、いきなり設備投資だと二の足を踏む企業でも、この方法ならば納得してもらいやすいというメリットがあります。

では、このESCOを採用すれば、【設備改善】はうまくいくのでしょうか？　実はESCOは、2つの問題を常に抱えています。それは、「**削減の効果検証**」と「**契約方式の問題**」です。

ビジネスモデルとしては、ESCO方式は実に素晴らしいものです。投資にはならないし、浮いた金額の中で支払いができるのですから、新たに余分な経費の計上を必要としない、ユーザーとしては極めて受け入れやすい仕組みです。ところが、ここに落とし穴があります。

1つが、「省エネシステムが導入された後には、**導入前の状況に戻すことができない**」ということ。つまり、削減効果の検証方法について細部にわたる事前のルール決めをしっかりとしておかないと、契約期間が長いだけに後々に問題が発生する可能性が大きくなります。

もう1つが、契約方式です。ESCO事業者の多くは、「削減できた金額の中で」ということを前面に押し出しておきながら、大半は**「削減金額の保証のみ」**の方式（ギャランティード・セービングス契約）を採用し、お客様に長期のリース契約を結ばせることが多々あります。長期のリース契約を結ぶということは、長期にわたりリース代という新たなコストが発生するということでもあります。

本来のESCOは、お客様にリース契約をさせることなく、純粋に**毎月の削減金額の中から報酬をもらい続けるという、「シェアード・プロセッシングス契約」**の方式であるべきです。この点からも、削減効果の検証方法が、より重要性を帯びてくるのです。

昨年公開したESCOを売り物にした省エネ会社が、スーパー向けにまさにこの方式での新たなビジネスモデルを打ち出しました。

内容は、「設備投資はすべてメーカー側で行います。貴社（スーパー側）は、年間削減金額の60％を5年間、毎月当社にお支払いください。効果の80％は保証します。5年たったら削減成果はすべて貴社のものですよ。電気代のコストダウンは丸ごと任せてください」というものです。この方式が1社に採用された記事が日経ビジネスに載っていましたが、その後、採用したスーパーについての省エネ効果に関する話は聞きません。

事実はどうあれ、【設備改善】によるコスト削減にＥＳＣＯ方式を採用する際には、**シェアード・セイビングス方式（純粋に削減金額の中から報酬をもらい続ける方法）**を前提に、効果検証の方法を納得がいくまで突き詰めておくことが肝要です。投資不要の便利な仕組みを採用する際も、後々のコスト削減効果の大小にかかわってくることですので、事前の契約方式の確認が非常に重要になってきます。

コスト削減point

投資をせずに【設備改善】をする、ＥＳＣＯの導入を検討するのも手です！

ることにより、顧客の利益の最大化を図るとともに、金融機関の投資リスクに関する懸念を回避できるという特徴があります。

※パフォーマンス契約は、次の2つに分かれている。

[**ギャランティード・セイビングス契約**]

・ESCOにかかる初期費用を一括で顧客が負担する契約

・ESCO契約期間中はESCOサービス料（メンテナンス費、効果検証費等）を支払う

・したがってエネルギー削減量からESCOサービス料を引いた金額が、顧客の毎年の利益となる

[**シェアード・セイビングス契約**]

・ESCOにかかる初期費用を、ESCO事業者が負担する契約。したがって、顧客の初期負担は一切なし

・ESCO契約期間中はESCOサービス料（初期投資の償還分、メンテナンス費、効果検証費等）を支払う

ギャランティード・セイビングスと比べ、顧客の毎年の利益は下がりますが、初期費用を負担しないという大きなメリットがあります。これにより、貸借対照表上でのオフバランス化（負債などを償却し、貸借対照表に計上しないように会計処理をすること）が図れます。

コスト削減 用語解説 一般用語編

【ESCOとは】

ESCO（Energy Service Company）とは、顧客が省エネのための設備に直接投資をすることなく、毎月削減できる金額の中で、その一定額をレンタル感覚で支払いに充てることにより、利益の確保を図ることができるサービスです。

ESCO事業とは、工場やビル、事業所等の省エネルギーに関する、包括的なサービスのことで、そのサービスは、次のように構成されています。

1．省エネルギー方策発掘のための診断・コンサルティング
2．方策導入のための計画立案・設計・施工
3．省エネルギー効果の計測・検証
4．設備やシステムの保守・運転管理
5．事業資金の調達・ファイナンス

これらのサービスによって、あらかじめ得られる省エネルギー効果を保証し、今までの環境を損なうことなく省エネルギーを実現する事業でもあります。また、ESCO事業者は、その顧客の省エネルギーメリットの一部から報酬を受け取ることも特徴となっています。

ESCO事業を導入するメリットは、**省エネ効果をESCOが保証**するとともに、省エネルギー改修に要した投資・金利返済・ESCOの**経費等は、すべて省エネルギーによる経費削減分でまかなわれます**。また、契約期間終了後の**経費削減分はすべて顧客の利益**となります。

また、省エネ量の保証を含む契約形態（パフォーマンス契約※）をと

5つのポイント⑤

コスト削減のための、外部の最先端ナレッジを徹底的に活用する

隣の会社も、あなたの会社と同じコピー機を使っているとします。同じコピー機の販売会社との間で、いったいいくらでカウンター料金の契約をしているのかご存知ですか？　隣はともかく、同規模の同業他社では？　知らないと答える人が大半です。

また、コスト削減に関するデータの収集・分析、それに基づく交渉のシナリオ作り、削減効果の検証、その後のさらなる削減ノウハウ・ナレッジの取得。これらも、よくよく考えてみればコストです（本書の代金もそうですが）。ここで言いたいことは餅は餅屋という考え方もある、ということです。

外部の最先端ナレッジとは、ズバリ、**コスト削減のためのコスト**のことです。

第1章【誤解⑥】でも書きましたが、上場企業ではすでに「コスト削減は外部に出したほうが安くつく」と判断を下しています。また、そうしたコスト削減のアウトソーサーが業績を伸ばしている事実もあります。コスト削減に大事なのはスピードです。「自社でや

るか、外部に任せるか」を検討している時間も実はコストなのです。

今回、ある出版社で20台のコピー機の徹底したコスト削減をやりました。先方の担当者は1人で、他にもたくさんの雑務を抱えていました。こちら側では1カ月のうちにすべてのコピー機販売会社との打ち合わせを終え、現行の年間ランニングコストから600万円も安い価格で導入までの一切を、1カ月で取り仕切りました。

着手して1カ月後、すべての作業が終了したことの報告に伺った際に、担当者から「自分がやったらできませんでした。本当に助かりました」「当初は報酬を払うことについて躊躇がありましたが、**削減の効果と、その間私が他の業務に集中できたことを考えると、極めて安かった**と思います」と感謝の言葉をいただきました。この言葉がアウトソーシングの価値を物語っています。

一方、情報の絶対量の問題もあります。200社以上でコスト削減を実現してきた会社には、200件以上の価値ある〝横の情報〟があります。こちらも、第1章【誤解⑥】の項で、別の上場企業で、同じく削減コンサルが一段落した挨拶の際に、「正直に言います。当初は貴社のコスト削減ノウハウをすっかりいただこうと思っていました。しかし、その広さと深さに今、あきらめました。申し訳ありませんでした」と言われた話をしました。

そこには、持っている情報の質と量の問題に加えて、電子入札を始めとする最先端のコスト削減ナレッジの入手の限界がありました。

餅は餅屋という手があると、書いた理由がおわかりいただけたでしょうか。コスト削減をするにあたって「自社が（他社と比べて等）現在どのレベルにあるのか」は、〝横の情報〟を持っていない限りなかなか見えてきません。供給元や契約元に聞いても、簡単には隣や他の会社の情報など取れるものではありません。

大事なスタンスは、自らの姿を映す鏡としてコスト削減のアウトソーサーを使い、その上で、**任せっぱなしにするのではなく、**「これだけ削減したい！」「この経費を削減したい！」「総務担当者に削減の正しい考え方を教えてほしい！」「コスト削減を業績評価に反映させる仕組みを考えてほしい！」といった、**ひとつでも多くの「～したい」「～してほしい」を伝え、徹底的に活用する**ことです。

コスト削減point

外部に任せっぱなしにするのではなく、「～したい」「～してほしい」で、徹底的に活用しましょう。

コスト削減 用語解説 一般用語編

【アウトソーシングとは】

ズバリ「アウトソーシング」とは**業務の外部委託**です。

経済産業省の『アウトソーシング白書』では、「アウトソーシング」を「企業等の組織が従来内製していた、または新たに始める機能や業務について、①コア業務への経営資源の集中②専門性の確保③コストの削減などの明確な戦略的目標をもって、業務の設計から運営まで一切を外部化すること」と定義しています。

[**外注**]

●マネジメント責任は客先にある

●受託業者が顧客に代わり、開発・運用・保守を行う

●開発・運用・保守に対して成果物、作業の対価を支払う

[**アウトソーシング**]

●マネジメント責任を受託業者に委託する

●受託業者は、開発・運用・保守を行う

●顧客は受託業者より受けたValueに対して対価を支払う

結果、次のことが改善されます。

1．コア業務に専念することでの経営のスリム化

間接部門（経理・総務・労務等の直接部門をサポートする部門）から解放され、直接部門（直接利益を生む営業・販売等の部門）に人材等を集中することができます。

2．経費削減・コスト縮減

経理専門の従業員を雇うよりも、外部に委託することで半分以上の経費を削減できるといわれます。アウトソーシングにより間接部門の専任担当者を置く必要もなくなります。

第3章

正しいコスト削減のキーワードは、「徹底した見える化」

この章では、「正しい」コスト削減を
実現する8つのプロセスを、
「見える化」というキーワードで取り上げます。
「見える化」が社員のやる気を引き出す、
その仕組みを解説します。
8つのプロセス全てが見えてくると、
社員がやる気になり、現場からコスト削減のアイデアが
溢れ出してくるのです！

コスト削減 成功のカギは、徹底した「見える化」にある！

「見える化」には大きく分けて、次の8つがあります。

1. 契約の「見える化」

ただし、この中だけでも、さらに、

①契約先の企業が、事業を展開している業界はどうなっているのか

②契約先企業は、何に基づいて事業を展開しているのか

③契約先企業は、どのような仕組み（料金体系）で事業を行っているのか

これらすべてが見えないと、契約が「見えた」ことにはなりません。

他にも、

2. 他社の契約条件の「見える化」

3. 自社の利用状況の「見える化」

4. 自社の改善（コスト削減）活動の結果の「見える化」
5. 自社の活動の結果の評価方法の「見える化」
6. コスト削減のための投資に対する効果の「見える化」
7. コスト削減の環境への貢献度合いの「見える化」
8. コスト削減のための新たな削減ノウハウ・ナレッジの「見える化」

「正しい」コスト削減には、こんなにたくさんの「見える化」が必要です。

これら8つ全部が見えてくると、社員がやる気になり、現場から溢れんばかりのコスト削減のアイデアが湧き出してきます。もちろん、出てきたアイデアを実行するのも提案した社員たちです。言い出しっぺが自分たちならば、現場に根づかないはずはありません。

さっそく「見える化」がやる気を引き出す〝仕組み〟を説明しましょう。

コスト削減point

8つの「見える化」が実現すれば、現場が動き、コスト削減のアイデアが溢れ出します！

「見える化」その①

契約先・仕入先の業界が「見える」と、コストが大きく下がる

今から約20年前に、通信の世界で自由化がスタートしました。結果、当時3分400円もしていた東京―大阪間の固定電話代は、今では最も安い電話会社だと6・8円です。実に1／60、これが自由化の真の姿です。

このような自由化の流れの中では、まず、固定電話、携帯電話、水道、ガス……といった、それぞれの分野ごとに今受けているサービスの契約内容やプランを、**過去の利用状況データに基づき常に最適化しておく**ことが大事です。

電力会社間の競争激戦区・九州では、大手商業施設を買収したＲＥＩＴ《リート》（不動産投資信託）の会社が、物件の利回りを高めるために、最大経費である電気代を、新規の電力会社からの見積もりをうまく利用（相見積り）して、この3年間で15％近く下げています。

ある金融機関では、年間でコピー機関連のランニングコストを、わずか20台で１４００万円以上削減しました。どうしてそこまで大きく削減できたのでしょうか。

それは、カウンター料金（コピーをとるたびにカウントされ、カウンター数に応じて支払う料金）単価の交渉だけでなく、コピー機そのものの契約方法を、「リース」契約から「レンタル」契約に切り替えたからです。

ちなみに、「リース」とは、設備をリース会社から一定期間借り受けるというもので、比較的長期の契約を結びます。そのため、途中解約の際には残りの期間のリース料金（残リースと言う）の全額をリース会社に支払わなければなりません。一方の「レンタル」とは、設備をメーカーや販売会社などの商材供給側（サプライヤー）から一定期間借り受けるというもの。契約期間は貸す側との話し合いで決まることが多く、多くの場合、短期の契約を結びます。基本的には解約は可能です。一見同じように見えますが、実は大きく違うのです。このことを知ってるだけでも、**契約の最適化**に一歩近づけるのです。

契約先・仕入先の業界が「見える」と、自然とコストが大きく下がります。

コスト削減point

業界全体の動きと今後の流れの中に、コスト削減のヒントが隠されています。

コスト削減 用語解説 仕組み編

【コピー料金の仕組み】

コピー機を使用するたびに発生するランニングコストであるコピー料金は、正確には**カウンター料金**、または、**パフォーマンスチャージ**と呼ばれています。これは1枚出力・印字する度に発生する費用。通常モノクロで2～6円です。

言い方を変えれば、コピー機の保守費用（メンテナンス費用）を使用枚数に応じた形にて支払う料金です。よって、故障・トラブル時においても上記以外の費用は発生しない仕組みになっています。日本特有の契約ですが、継続的なメンテナンス契約を内包しているため、トラブル時には便利な契約でもあります。

コピー機のカウンター料金制も、大きく分けて2つのタイプのプラン（契約）があります。1つは、**【カウンター契約】**です。これは、保守料金とトナー代金が含まれた形で、1枚当たりのコピー代単価が設定され、使用枚数に応じて費用が請求される契約です。使用枚数に準じて、段階的に単価が安くなる契約が大半です。最低使用枚数（基本契約設定枚数）の契約をしている場合は、使用枚数がその基準値以下であっても、基本料金は請求されます。

もう1つは、**【キット保守契約】**です。こちらは、トナーを購入することで保守サービスが提供されるサービスです。使用枚数が少ないと想定される物件（低速機）に関して、このような契約が多く見られます。一般的に、カウンター契約に比べると、1枚当たりの単価が高くなります。現在、2兆円を超えるマーケットで、3大メーカーを中心とした12社がしのぎを削っています。

「見える化」その②

業界の法律（事業法）が「見える」と、コストが下がる

第2章の【5つのポイント②】でも一部書きましたが、電力会社との間で最適な品質と価格で電気の供給を受けるための話し合いの拠りどころとなっているものが、電気事業法という法律です。さて、この電気事業法を読み解くと、コスト削減が「見えて」きます。

●電気事業法第1条（目的）

「電気事業の運営を適正かつ合理的ならしめることによつて、**電気の使用者の利益を保護**し、及び電気事業の健全な発達を図る」

●電気事業法第18条1項（供給義務等）

「一般電気事業者は正当な理由がなければ、その供給区域における**一般の需要に応ずる電気の供給を拒んではならない**」

●**電気事業法第19条2項（一般電気事業の供給約款等）**

「経済産業大臣は、前項の認可の申請が次の各号のいずれにも適合していると認めるときは、同項の認可をしなければならない。

①料金が能率的な経営の下における**適正な原価に適正な利潤を加えたもの**であること。

②料金が供給の種類により定率又は定額をもつて**明確に定められていること**。

③一般電気事業者及び電気の使用者の責任に関する事項並びに電気計器その他の用品及び配線工事その他の工事に関する**費用の負担の方法が適正かつ明確に定められていること**。

④特定の者に対して**不当な差別的取扱いをするものでない**こと」

●**第22条（卸供給の供給条件）**

「一般電気事業者、卸電気事業者又は卸供給事業者は、経済産業大臣に届け出た料金その他の供給条件（次条第3項の規定による変更があつたときは、その変更後のもの）によるのでなければ、**卸供給を行つてはならない**」

●**第111条（苦情の申出）**

「一般電気事業者若しくは特定電気事業者の電気の供給又は登録調査機関の調査業務に関し苦情のある者は、経済産業大臣に対し、理由を記載した文書を提出して**苦情の申出をすることができる**」

※一般電気事業者＝一般の需要家に応じ、電気を供給する事業の許可を受けた者

都市ガスも基本的には電力と同じです。これだけのきっちりとした「法律的な裏づけ」をもとに、電力・都市ガス代を削減していくのです。そう、**電気料金やガス代の値下げ（最適化）交渉は、正当なやり方**だということです。

過去には、今までの不利益な契約に対して電力会社に無駄に支払ってきた**過払い分の数十億円の返還請求を起こした例**があります。

最近でも、地方の電力会社の管内で年間4億円の電気代を支払っているのにもかかわらず、年間3億円以下のお客様に対する取引条件以下であったレジャー産業に対して、電気事業法第19条2項の「公平の原則」に基づく電力会社との協議のシナリオをレポートした結果、**年間で約1300万円の電力コストの削減をあっと言う間に実現**しました。

電力・都市ガスの自由化とは、買う側の自由に加えて、売る側の自由も認めたというこ

とです。だからこそ、最大の経費項目のひとつである電気やガスを、**本当に最適価格で購入できているの**か疑ってかかる姿勢が重要になってきます。

売る側も自由になった今、彼らからわざわざ教えてくれることなどありません。事業法をきちんと理解して、供給元との協議に臨む際には「電気やガスの価格は、事業法ではひと言も一律とは言っていない」との認識こそ必要です。

コスト削減point

電気やガス代の値下げ（最適化）交渉は、法律に則った正当な行為なのです。

「見える化」その③

相手の収益構造が「見える」と、コストが最適化される

わかっていない経営者は、取引上の弱者に無理な値下げを強要しますが、その前にやるべきこと・やれることがあります。それは、**電気・ガス料金の「正当な」値下げ交渉**です。

電力会社10社に、東京ガス・大阪ガスを加えた12社で、年間売上高は約14兆円にものぼります。1社平均が1兆円を超えます。その中でも、東京電力は売上高5兆円超えの世界最大の電力会社でもあります。では、最大の電力会社にとっての、最大のコストとは何でしょう? それは、設備の維持・投資にかかるお金です。

設備投資上最も困るのは、皆さんの電力需要が同じ時に集中することです。電力需要のピークに合わせた発電能力を確保しておかなくては、停電を引き起こしてしまいます。これが設備や投資にお金がかかる理由です。

そこで、彼らは次の2つの施策を積極的に実施しています。

私たちも、この2つの施策を利用して、うまくコスト削減をしましょう。

施策1　電力会社は、携帯電話と同じように、さまざまな選択プランを取り揃えて利用の平準化を図っている

電力会社がさまざまな選択プランを取り揃える理由、それは電力需要の「平準化」です。電力会社にとって一番困るのは、利用日時・曜日・季節が一時《いっとき》に集中することです。繰り返しになりますが、その時に停電を起こすわけにはいかないので、ピークに合わせた設備を、常に準備しておかなくてはなりません。毎日、毎週、毎月ピークを更新されたのでは、たまったものではありません。ですから、電力需要の「平準化」のために、ピークになりがちな日時、曜日、季節の電気料金単価を少し高めに設定し、一方、**電気が余っている夜間、週末、夏期以外のそれをかなり安め**にし、電力需要をピーク時から余っている時間帯に誘導するのです。

これが選択約款（プラン）と言われるもので、東京電力では**基本パターンで16種類**もあります。

具体的な例をあげて、もう少し詳しく説明しましょう。

例えば商業ビルの場合、どのような選択約款を選べば、電気代は下がるのでしょうか？

A 夜の22時以降も営業しているテナントが多いビル→夜間の電気代が通常（昼間）の3割

強安いプラン。

B平日に比べて週末・休日にお客様が集まるテナントが多いビル→土・日・祝日、年末・年始、GWの電気代が通常（平日）の3割安いプラン。

基本はこの2つです。ビルに24時間営業のコンビニや飲食店が入居している場合は**A**です。また、土・日・祝日に集中してお客様が集まる商業ビルは**B**を選択することで確実に電気代は削減できます。

施策2 電力会社は、1年間で一番たくさん電気を使った「わずか30分の実績」で、年間の基本料金を決める！

ご存知でしたか？　知っている人でも、本当に正しく理解している人はわずかです。

皆さんが支払っている**電気代の3割前後が基本料金**です。これは、**電気をたくさん使う月でも使わない月でも全く同じ金額**です。そして、その決め方が、一般企業の常識からみても、「すごい」のです。たぶん世界でも日本だけでしょう。

電力会社は、皆さんの施設の受電設備（通称：キュービクル）に、30分ごとに施設全体が使う電気の使用量を計測・記憶するメーター（通称：デマンドメーター）を取り付けます。そして、毎月その月の「チャンピオン」（一番使った30分間の電力量を2倍にした数字）を知らせてくれます。

毎月のチャンピオンの中で、1年間でもっとも高い数字、つまり年間チャンピオンに1500〜1700円を掛けたものに、さらに0・85を掛け、そこに消費税を加えたものを毎月「基本料金」として請求してきます。例えば、この数字が400kWであれば、金額にして月額50万円以上、年間だと基本料金だけで600万円の支払いになります。

さらに、施設に新たな設備が増えたり、稼働率が上がってこのチャンピオンを更新した場合、**翌月からすぐに基本料金がアップ**します。逆に、設備が減ったり、稼働率が落ちてこの数字が下がったとしても、今度は1年間待ってみてそれ以上の数字が出なかったことを確認しない限り、電力会社は1円も基本料金を下げてくれません。

「最高値」を更新すれば有無を言わさず翌月からアップ、努力して「最高値」を下げても、1年間待ってみて初めてその料金が適用されるのです。いくら節電だと大騒ぎをしても、「たった30分の油断」がその後の1年間を台なしにしてしまいます。

都市ガスも同じです。ただ電力と違うのが、そのピークが1日では夕方に、年間では冬にくるだけです。使用の平準化を図りたいという点は、電力と全く同じです。

ここまでわかれば、まずは、**自らの利用実績に基づき最適なプランを選択する**だけです。それから、基本料金の仕組みをしっかりと理解して、利用のピークの平準化に心がけることです。また、利用状況が変われば、**その都度プランの見直しも大事**です。

愛知県のある工場は、選択約款の中の週末の電気代が安いプランを採用、土曜日を休みにし、日曜に工場を動かすことで、**年間電気代の4%の削減**を実現しています。1億円の4%は400万円です。この400万円はそのまま純利益になります。

最近では、電力会社が、中堅・大手ユーザーを中心に、選択プランの提案をしてくれることもあります。ただし、これはお客様の利用状況を聞いてからではなく、データのみから判断した提案でしかありません。その施設の業種・業態や利用実態等を十分反映させた上での提案ではないため、必ずしも最適とは限らないのでご注意ください。

コスト削減point

携帯電話の料金プランと同様、自社の需要に合わせて最適プランを選びましょう。

待ってみて、**デマンド値**を引き下げた以上の数字が出なかったことを確認して初めて、電力会社は基本料金を引き下げてくれるのです。

今までのピークである**デマンド値**を超えてしまえば、即翌月から基本料金は上がります。努力をしてピークを引き下げても、基本料金が下がるのは１年後、それもその間に引き下げた値を超えないことが条件です。わずか30分の気の緩みがすべてを台なしにしてしまう仕組みです。

今、350kWのデマンド値で契約電力350kWのお客様が、ピーク時に25kWの余分な空調機をまわしてしまうと、25kW×２＝50kWのデマンド値がアップして契約電力は400kWになってしまいます。基本料金が年間で大幅にアップします。

●350kW×1560円×0.85×12カ月＝556万9200円

●400kW×1560円×0.85×12カ月＝636万4800円

わずか30分の油断で、79万5600円を失う、すごい仕組みなのです。

コスト削減用語解説 電力関連用語編

【電気料金のデマンド制とは】

デマンド値に基づく電気料金の基本料金請求の仕組みを、一般的に**デマンド制**と呼んでいます。これは、諸外国では見られない日本独特の料金体系です。

デマンド値とは、1年間で最もたくさん電気を使ったわずか30分間の電力使用量の2倍（単位はkW）のことで、最大需用電力、もしくは**デマンド値**と呼ばれています。1年間の毎月の基本料金は、このデマンド値を基準に、それに決められた基本料金単価（東京電力の場合は業務用契約で1560円）を掛けたものになります。

ちなみに基本料金は、その月に電力の使用がゼロでも支払う料金です。それを、有無を言わさず、わずか30分の電力消費の「年間チャンピオン」で決めてしまう、供給サイドの理論に基づく料金制度ともいえます。

その数値の計測のために、まず電力会社はお客様の電気室（正式には「高圧受電設備」）に計測器（通称、**デマンドメーター**）を取り付けます。そして、取り付けられたら最後、それは電気室が老朽化して使えなくなってしまうまで、1年365日、雨の日も風の日も休むことなく30分ごとのお客様の使用電力の集計とその2倍の計算を繰り返し、毎月のチャンピオンを画面表示し、最も高いところで料金を請求するベースを作ります。毎月、チャンピオンの数字を更新していれば、毎月基本料金が上がります。

一方、節電意識を持ってこのピークを一生懸命に引き下げても、翌月からは基本料金を下げてはもらえません。下げるには1年間

相手の収益構造が「見える」と、こんなに安くなる！（通信・コピー機の場合）

通信会社の場合、こと固定電話同士の通話に関しては、ほとんど儲かっていません（携帯電話会社は儲かっています）。ただ、使われていない回線からの基本料金収入が相当あります。そして通信会社の儲けは、固定電話から携帯電話への通話にあります。

お客様からお借りりする請求書を見ているとわかるのです。「月間の通話代が１００円、２００円の回線をたくさん持っている」会社が結構あります。ほとんど使っていない電話回線のために基本料金を支払っているとは、非常にもったいないことです。**まずは無駄な回線の整理から手をつけましょう**。

さらには、通信会社の儲け口である「固定から携帯電話への通話」を安くする方法を考えましょう。割引率が高い通信会社の選択はもちろんのこと、固定電話から携帯電話への電話代が安くなるような仕組み（携帯電話の番号を固定から電話する際、特定の番号をわざわざプッシュしなくても、自動的に割引番号を付加してくれる仕組みを導入することや、それにかかる費用をきっちりと負担してくれる通信会社を選ぶことが大事です。こちらも、各種割引プランやオプションサービスなどを見直してみるとよいでしょう。

コピー機会社の儲けの源は、カウンター料金で、モノクロに比べカラーの収益率が高くなっています。「コピー機は無料・もしくはレンタルで」というサービス形態が出てきていることが、これを裏づけています。かつての携帯電話のようですね。

コピー機は販売（代理）店制度を取っているところが大半です。では、カウンター料金が下がった減収分を、どこが負担するかというと、多くはメーカーが負担してくれます。ならば代理店にとっての手間は、メーカーに提出する「お客様からのカウンター料金引き下げに関する承認申請書」の作成です。おおいに交渉の余地あり、と感じませんか？

いずれにしても、相手（業界・企業）の儲けの仕組みが「見える」と、そこにコスト削減の余地が垣間見えます。これが、コストが下がる所以です。

コスト
削減
point

「何で儲けているのか」を知れば、そこに照準を絞るのがコスト削減の近道！

「見える化」その④

隣の会社が「見える」と、コストが下がる

隣の会社のことは、なかなかわかりません。しかし、わかれば価値のあることは十分わかっていただけたと思います。

第1章の【誤解⑧】や、第2章の【5つのポイント②】の中で〝横の情報〟の価値とそれに基づくコスト削減事例を見てきました。

大事なことは、「うちは下げてもらったから大丈夫」とか「うちはよくしてもらっている」と思うのではなく、常に「**他社はどうなのだろう?**」と疑問を持ち続けること。自分の会社の立ち位置を常に確認する謙虚な姿勢が、正しいコスト削減には必要です。

削減の項目ごとに、自社がどのレベルにあるのかは、〝横の情報〟を持っていない限り見えてきません。供給側や契約先に聞いても、当然ながら隣の会社の情報は聞けません。

逆に言えば、〝横の情報〟を持っていれば、多くの場合、コスト削減につながる可能性が高いということです。〝横の情報〟とは、単なる単価の情報だけではありません。根本

的な契約の仕方であったり、新たな契約の手法であったり、新たなコスト削減への取り組みであったり……と多岐にわたります。

以前、大手物流会社や自動車ディーラーが、自社の物流センターや拠点の契約を商業施設向けの契約（「業務用契約」）から工場向けの契約（「高圧契約」）に切り替えることで、**なんと数十億円単位で電力コストを削減**しました。

契約の種類を変えるだけで、1施設当たり必ず15～20％の削減につながる手法だったので、同業他社へも一挙に広がるのかなと思って見ていましたが、当時、この削減のナレッジを持った会社が個人企業であり、申請にあたってはそれなりの交渉術と電力会社に対する理論武装が必要だったために、**業界全体には広がりませんでした**。

しかし、このことを知ってコンサルを受けることができた一部企業は、現在に至るまでその多大な恩恵にあずかっています。

現在、スキー場に対するコンサルティングの中で、電力コストの削減に取り組んでいます。当然のことながら、スキー場は冬場に電力のピークを記録します。

そのピーク時のわずか30分の電力使用量で、年間の電気代の基本料金が決められ、夏場にわずか1kWhでも電気を使ってしまえば、そのまま冬場と同じ何百万円もの基本料金を電力会社に取られてしまうのです（あえて、「取られてしまう」と書かせていただきました）。

これでは、とてもまともな経営などできません。さらには、スキー場によっては雪が少ない冬には人工降雪機を使います。恐ろしいくらいの電力消費量で、さらに年間の電気基本料金を引き上げます。スキー場経営は、困難を極めるでしょう。

これに対して、本州のある電力会社が、2006年冬に新たな選択プランを出しました。電気の使い方によって、人口降雪機の稼働がそのまま電気代の大幅増加には直結しないプランです。残念ながら他の電力会社には、このメニューはまだありません。他の電力会社の管内でスキー場経営を行っている皆さん、この〝横情報〟を持って他の電力会社にも働きかける価値は、十分あります。

「早く作ってください！」「早々に検討してください！」「無理なら代わりに何らかの割引の適用を考えてください！」……実現すればその削減効果は極めて大きなものになります。

そもそも、電力の自由化（2000年の春より）がスタートしたというものの、現実には私たちは電力会社を選べません。その中で、「地域が違えば受けられるサービスの中身が違う」ということに注目しましょう。「なぜ？」と疑問が持ち上がりますよね。

ユーザー側である私たちの働きかけが、供給元の新たな動きを促進する原動力になる可能性がおおいにあります！　だからこそ、「常に常識を疑う」姿勢が大事なのです。

コスト削減point

常に「他社はどうなのだろう？」と疑問を持ち続け、常識を疑う姿勢が重要です。

コスト削減 用語解説 仕組み編

【電気料金の仕組み】

電気料金は、電気の使い道などに応じていくつかの契約種別があり、同じ量の電気を使っても料金が違ってきます。

主な種別としては、家庭用の**電灯**、事務所ビルや商店などを対象とした**業務用電力**、工場などで用いる**高圧電力**、特に大規模な工場などで用いる**特別高圧電力**が挙げられます。

電気料金は、使った電気の量にかかわらず負担しなければならない**基本料金**、使った電気の量に対応する**従量料金**（電力量料金）を組み合わせて料金額が決められる、二部料金制となっています。

また、通常の料金メニューのほかに、**季節別・時間帯別メニュー**（夏季以外の季節や夜間における電気の使用に対し料金を割り引くもの）や**曜日別メニュー**（土・日・祝日における電気の使用に対し料金を割り引くもの）、**高負荷利用優遇型メニュー**（電力使用のピークを抑える電気の使用に対して料金を割り引くもの）などが用意されています。これらの割引料金メニューは、夜間や休日及び夏以外の春・秋などの需要の低い（電気を多く使わない）時間、曜日、季節帯に需要を移行させ（負荷平準化）、電力会社の電気の供給コストの低減を図ることを目的にしたものです。

さらに、上記の割引料金メニューのほかに、電気の利用拡大と長期的な顧客の確保を目的として特定の条件で料金を割り引くもの（**全電化住宅割引、大口割引、長期契約割引**）もあります。なお、10大電力会社間で大きな価格差はありません。市場規模は約14兆円です。

「見える化」その⑤

自社の利用状況が「見える」と、現場が動き出す！

電気代も、通信費も、コピー代も……下がらないのは、現場の社員やアルバイトなどの従業員たちに「見えていないから」です。社長や役員陣が号令をかけたり、必死に動き回っているうちは、正直なところコストは下がりません。

日々、電気、電話、コピーを使っているのは現場の人たちです。ゆえに**コスト削減のアイデアを持っているのも、現場のことを一番よく知っている従業員**です。

あるパチンコ店での出来事を紹介しましょう。

ここでは、人件費に続く最大コストは、電気代でした。当時の店長は、日々の売り上げには全神経を集中していましたが、日々の電気代までは管理していませんでした。毎月の電気代については80万〜100万円程度であるという認識はありました。漠然と「見えて」はいたものの、**正しい把握とその管理には至っていなかった**のです。

このような状況を受けて、「見えない電気を見せるシステム」、つまり従業員が誰でも手元のパソコンから30分ごとの電力消費量を見ることができるシステムというものを、トップの判断で導入しました。

通常、システムを導入すれば、あとは自動的にコストが下がると思われるでしょう。実は違うのです。システムを導入することよりも、「**システムを運用・管理する人を育てる**」**ことが重要**なのです。私たちのような外部組織にコスト削減を任せる場合でも同じです。いくらアウトソーシングしても、現場が運用・管理をし、コスト削減の現状を把握し、改善活動に結びつけない限り、本当の意味でのコスト削減は実現しないのです。

コスト削減point

コスト削減の答えは、現場にあります。それを見つけてくれるのも、現場です。

自社の利用状況が「見える」と、現場はここまで変わる！ 具体例

さて、さきほどのパチンコ店の話の続きをします。

システムを導入するにあたり、「電力運用管理者育成プログラム」という1日集合研修に、店長に参加してもらいました。このプログラムは、**店長自らが電気の無駄な使用をなくす**ことを目的としたものです。

次に、育成プログラムの中の第2ステップで最も重要な「影響力調査」（どの設備がどれくらい電気を消費しているかをくまなく調べ上げる大事な調査）のため、コンサル会社の調査員がそのパチンコ会社に伺いました。

店長は、「影響力調査」は、調査というのだから、コンサルティング会社が単独で行うものと思い込んでいたようです。しかし、「影響力調査」も「管理者育成プログラム」の一環なので、店長の立ち会いを求めたところ、店長は「自分たちで行うことだらけではないか！　そんな時間はない！」と、ご立腹でした。アウトソーシングしているのに、なぜ

そこまで現場が関わらないといけないのかと、不満に思ったのでしょう。影響力調査を「従業員が行うこと」の意味を話し、店長を説得。「影響力調査」は、パチンコ店の閉店後の深夜0時からスタートしました。

実際に、従業員の方々を集めて計測器の使い方に始まり、電気の利用状況に至るまでを説明していくと、驚きの声が連続し、説明会を進めていくに従い、従業員から質問が飛び交い、一人一人の省エネ意識がどんどん高まっていくことが肌で感じられました。

店内を皆で一巡し、最後に省エネと環境問題について話す段で、コンサルティング会社の担当者ではなく店長が、自ら「京都議定書」（地球温暖化防止のため、先進国等の温室効果ガスの排出削減義務を定めた国際協定のこと）の説明を従業員の方にされたのです。さらには、「今後は、将来の地球のために環境対策をしていることを折込広告に掲載していきましょう！」との提案まで、従業員の方から飛び出しました。全社の士気が高まった影響力調査が終わったのは、深夜2時すぎでした。

最初は「うちは電気に関してはしっかりやっているから、これ以上削減なんかできないよ！」と言ってさほど乗り気でなかった店長が、「減らした分を、皆の給料に反映させるように社長に言うから」と従業員の前で宣言するまでになったのです。

見えていないものが見えるだけ、それも従業員全員に「見える」だけで、これほど大きく意識が変わるのです。

これが、**コスト削減における「見える化」効果**なのです。

同じシステムを導入して電気が見えるようになったスポーツジムの支配人も、「見えることで従業員の意識がはっきり変わった！」と言っていました。

また、パチンコ店の例のように、**実は経営者が思っている以上に、現場はいろいろと考えています**。それらを表に出す**きっかけを作ってあげる**ことこそ、重要なのです。

「折り込みチラシに、環境への配慮をしていることを打ち出しましょう！」とは、素晴らしい話ではありませんか。こうした声が、パチンコ店の現場の方々から次々とあがってくるのです。

このパチンコ店が導入する以前に、電力の「見える化」の仕組みを導入した他のパチンコ店では、こんなユニークなアイデアが従業員の方から飛び出しました。

「夏の電力消費のピーク時でも店内の空調温度はそのままにして、代わりに氷の柱を何本か立て視覚で涼しさを訴えるのはどうでしょう？　それでも暑いという人のために、うちわも配りましょう。ただ、うちわの製作費がかかるので、そこに企業の広告を入れることで原価を抑えるというのはどうでしょうか、店長！」

いかがですか？　このようなアイデアは、何が問題なのかを日々考え、肌で感じている現場ならではのものではないでしょうか。

「経営者がコスト削減を案ずるよりも、現場に見せて、信じて、やらせるが易し」です！

コスト
削減
point

従業員一人一人の意識が変わる。これが、コスト削減における「見える化効果」です。

「見える化」その⑥

改善活動の結果が「見える」と、さらに新たなアイデアが湧いてくる

先ほどのパチンコ店では、電力の「見える化」によって、次のことがわかりました。

①店舗によって、開店前の電力消費が始まる時間に大きなバラツキがある。
②営業時間内の電力消費量は、曜日でほとんど差がない。
③店舗によって閉店後の22時以降の電力消費量に大きな差がある。
④夜間であっても、昼間とほとんど変わらない電気を使う日がある店舗がある。

さらにその原因を探っていくと、

①については、店によっては開店の2時間も前からエアコンを最大能力で回していたり、一方、機械の電源投入も含めて適当なタイミングでやっている店があったりとバラバラだったということがわかりました。

②については、どこの店舗も外気温や店の混み具合（お客様の入り具合）に関係なく、朝に設定したエアコンの温度のまま、終日営業をしていたことが判明しました。

③については、閉店後は必要最小限の電気で店じまいの作業をするお店と、全く昼間の状態のまま閉店作業をするお店の差だったのです。

④に至っては、驚くことに、夏だったため清掃業者がエアコンを入れたまま、かなり涼しい環境の中で（笑）掃除をしていたことがわかりました。

このあたりの原因をもとに、**店舗間での情報の共有化**と、**1週間単位で消費電力や電気料金の比較**を行いました。そのことにより、店舗によっては前週と比べて1週間で2万円の電気代の削減を実現しました。

その後も、全社的なコスト削減活動を続けていく中で、社内のネット上の書き込みのコーナーには、「遅くまで釘を打っている日があります。スロットマシンには釘がないので、その上の照明は消して作業すると無駄がなくなります！」とか、「朝の空調機の電源投入を早くしすぎないだけでなく、機械の電源投入に関してもギリギリのところ、どの時点で入れればよいかを研究したいと思います」等々、さらなるアイデアがどんどん現場から湧き出ています。

電力の「見える化」によって、**自分たちが行った改善活動の結果がすぐに確認できる**環境にあるので、店舗ごとに「コスト削減委員会」ができ、月に1回委員が集まっては、それぞれのコスト削減のアイデアをぶつけ合っています。
委員会も回を重ねると、テーマは電気代だけではなくなってきます。最近では、コスト削減の結果を報酬に反映してもらうための、経営への提案書作りをするまでにその内容が充実してきています。

あなたの会社では、コスト削減の情報を従業員全員で共有していますか?

正しいコスト削減は、結果がすぐに出るのです。すぐに結果が出るものならば、やる気が出るのは当然でしょう。しかも、部門間の利害関係も生じません。だからこそ、委員会やプロジェクトを作って、全社的な活動にしてしまえばいいのです。

同じ目標に向かって一致団結し、結果を出す。コスト削減という「成功体験の共有」が、従業員のモチベーションアップになるのであれば、減ったコストの金額以上の〝利益〟を得た! と言っても過言ではありません。

コスト削減point

現場間の「情報の共有化」と「社内プロジェクト化」で、さらなるコスト削減が加速!

「見える化」その⑦

改善活動の結果に対する評価の仕方が「見える」と、活動が定着する

使用量が「見える」と現場は動くと書きましたが、まだ不十分かもしれません。コストが下がるとわかっていても、自分たちにメリットがないのなら……と腰を上げてくれない人や部門があるかもしれません。そこで考えたいのが、コスト削減の「評価」です。

実は、**コスト削減活動の結果に対する評価の仕方が「見える」と、活動が定着**します。

2005年秋に、「コスモライフという会社が、中小企業を中心に『社内ESCO制度』というものを提案する」というニュースを目にしました。

「社内ESCO制度」とは、「過去3年間の実績を基に電気使用量の基準値を設定し、それに対して約10%使用量を削減するもの。そして成果の1/3を従業員に還元することで、やる気を引き出し、確実な達成を目指す（中略）初年度の還元額は400万円程度」というものです。しかも、「早くも従業員の意識が変わってきた。（中略）従業員からは『土曜日の工場稼働を電気料金の安い日曜日に変更』といった提案が出ている」のだとか。

このような取り組みを始めるまで、工場の1カ月の電気代を知っている従業員は、工場長だけでした。今は、**全従業員が毎日の電気代まで知っています**。

見えないものが見えたら勤勉な日本人は変わります。ましてやそこに目標と評価の仕組み、それもわかりやすい収入に直結したものがあれば、なおさらです。決してお金で人の気持ちを釣るものではありません。ここまでやる会社が、出てくると思っていました。

実は、店舗ごとに競争をさせて店長評価に加える会社や、コスト削減目標の達成に対してインセンティブ（報奨金）を出す会社はありましたが、ここまで明確に電気代の削減とその還元ルールを打ち出した会社は初めてでした。

さらに注目したいのは、記事中に従業員のほうから「土曜日の工場稼働を電気料金の安い日曜日に変更してください」といった提案が出ているという点です。これは経営者にとっては泣きたいくらい嬉しいことです。多くの経営者が労働組合の問題等もあり、なかなか実現に至らず、悔しい思いを重ねてきています。

一般的な工場でのエネルギー使用の70％は電気だと言われています。その単価が、上記の行動によって何らの投資をすることなく即座に平均で4～5％も下がるわけです。電力会社も、余っている日曜日の電気を使ってもらえて嬉しいのです。**経営者、従業員、電力**

会社の3者間にWIN－WINの関係が成り立ちます。もっと言えば、電力の消費量そのものをコスト削減活動の中で抑えるわけですから、それはそのままCO_2の削減につながり、**地球環境にとってもWIN**になります。

このような試みも始まっています。東京電力は、企業努力などにより減らしたCO_2を、1トン当たり600円で向こう5年間分を買い取り、その購入金額と同等分の植樹をしてくれるというものです。これもまた、コスト削減という会社収益アップの活動に積極的に関わった従業員への、還元の原資になり得ます。

もちろん、初めから「還元ありき」である必要はありません。まずは電力使用の実態の把握をすることです。そして、最大効果を継続的に得るためにはどうするのが一番よいのかを考えればいいのです。その1つが、「給与に還元」であっただけです。評価の仕方についても、従業員からの提案であれば、さらにその削減活動は定着していくことでしょう。

コスト削減point

経営者、従業員、供給元、地球の4者間にWIN－WINの関係を築きましょう！

「見える化」その⑧

あらゆる投資効果が「見える」と、間違いのない判断が気持ちよくできる

第1章【誤解⑩】第2章【5つのポイント④】の項で書いてきましたが、コスト削減のための投資が悪いのではありません。大事なことは、「**投資に際して、あらゆる面にわたって徹底した効果の予測・検証をしていますか？**」「**効果を保証しますという提案に、安易に乗っかっていませんか？**」ということです。

例えば、電気代を削減するシステムだけでも、世の中には160種類以上あります。手法としては大きく分けて4種類、その手法のそれぞれにまた4種類に分類されるさらに細かな手段があります。さらに、その16分類の中にさまざまな省エネシステムがあてはまり、その合計が160種類を超えます。そのため、本当に間違いのない、自社設備の現状に対して最も省エネできるシステムを導入しようと思えば、この160種類のあらゆる組み合わせの、効果予測と検証をしなくてはなりません。

また、大変なことに、システムの組み合わせによっては、最適な電力会社の選択プラン

が変わってきます。このあたりも削減効果として読み込んでおかないと、間違ったシステム導入を決裁してしまいます。

もっと言えば、新たなシステムの導入だけでなく既存設備の劣化診断に基づき、設備の更新との比較も必要になってきます。もはや、ITの力を借りずに人ができる作業ではありません。以下のようなソフトが必要になってきます。それは……

1．ビルや施設の現有設備の稼働（消費電力）および劣化状況を、目視だけでなく実測する
2．各設備の稼働状況を把握する（1日何時間、1週間、1カ月、年間では……）
3．過去2年間の電気使用の実績と設備図面を用意する

以上の1～3のデータを入力することで、160種類の省エネシステムの中から、トップランナー方式（128ページ参照）に基づき、そのビルや施設に関して最も効率的な組み合わせをマトリックスで選べるソフトです。そして、

●投資回収期間早いものランキング（1～3位）
●削減金額の大きいものランキング（1～3位）
●CO_2削減量多いものランキング（1～3位）

といったランキング表示機能も求められます。当然、省エネシステムの価格に関しては実勢価格になっている必要があります。また、投入するシステムによって電力会社の最適プランも変わってくる可能性があります。それらも的確に選ぶことができるものでなくてはなりません。

安易な省エネ投資は行ってはいけないというのが、十分おわかりいただけたと思います。ここまで徹底して、最適なコスト削減・省エネルギーのための設備投資の組み合わせが見えたなら、次はそれを「**いかにリスクを少なく導入するか**」を検討します（極力ＥＳＣＯ方式を採用すべきです。それもシェアード・セイビングス契約で）。

最後に、削減効果の検証方法についても、導入前にきちんと決めておく必要があります。検証のできない投資などあり得ません。いずれにしても、ここまで徹底して投資の効果がマトリックスで「見える」ようになると、気持ち良く【設備改善】の決断ができます。

コスト削減point

安易に導入は×。キーワードは、「徹底した投資効率の比較・検討」です。

「見える化」その⑨

CO_2の削減が「見える」と、電力会社がサポートしてくれる

以前、ＩＳＯ１４００１活動で行き詰まっている、大手スーパーの役員の方がわざわざ相談に来られました。活動が行き詰まったのは、改善活動の効果検証がなされていなかったことでした。

さらに、もうひとつ原因がありました。それは、**改善活動の環境への貢献**（CO_2の削減）が見えていなかったことです。

電気代やガス代の削減は、金銭的な削減だけではありません。電力やガスを使うことで排出されるCO_2も削減されるのです。その値は、**１kWhの省電力＝CO_2の約０・４キログラム**になります（CO_2量については、後ほど企業の例で具体的に説明します）。環境への貢献、それも具体的にどのくらい貢献しているのか、数値で把握することも大事です。

東京電力には、企業が削減した**省電力に基づくCO_2を現金で購入してくれる**という制

度があります。いったいどういうことでしょう？　目に見えない二酸化炭素（CO_2）を買ってくれるというのです。それも削減したCO_2を5年分まとめて、です。

会社で省電力に取り組んだ結果、東京電力から実際にお金をもらったところがあります。この『ＥＣＯサポートプラン』、もっと詳しく見てみましょう。

『ＥＣＯサポートプラン』とは、**家庭やオフィスで行う省エネルギーの取り組みを支援すると同時に、二酸化炭素（CO_2）吸収を目的とした森林保全活動を行うもの**です。

事業によって新たに省エネに取り組むオフィスビルなどの顧客の中で「東京電力と協力してCO_2削減に取り組む」という賛同書に同意した顧客に対して、機器導入などによるCO_2削減量相当分を「ＥＣＯサポートマネー」（報奨金）として贈ります。地球温暖化防止に積極的に取り組む〝ＥＣＯオフィス〟を支援するのが狙いです。

ＥＣＯサポートマネーは、ＥＳＣＯ事業に取り組む中小企業に対してはCO_2削減量1t（トン）当たり600円です。

さらに、東京電力が「ＥＣＯサポートマネー」と同額を拠出し、自治体などと協力して公有林の整備など国内の森林保全活動に活用します。これにより、森林によるCO_2吸収量の増加を狙っています。

現在までの活用企業は、（東京電力株式会社ホームページより抜粋）

●鳳琳カントリー倶楽部　237t：CO_2／年（ヒートポンプ式空調設備の導入）
●株式会社とりせん　2800t：CO_2／年（照明・空調設備の高効率化・冷凍機制御）
●株式会社西松屋チェーン　730・47t：CO_2／年（照明設備の高効率化）
●株式会社メモリード　37t：CO_2／年（エネルギー管理制御のシステム導入）など

とりせんを例に、計算してみてください。

2800t×600円×5年間＝840万円＋840万円の植樹＝1680万円

どうでしょうか。放ってはおけない数字ではありませんか！

コスト削減point

目に見えないCO_2も、現金で売れます。まさに「環境対策とコスト削減の両立」です。

実現にするために欠かせない、コスト削減の3つの姿勢とは

ここでも、コスト削減を実現するにあたって、大事な姿勢が３つあります。

まず、この制度が東京電力にしかないからといって**あきらめない**こと！

電力業界・電気事業法・電力会社の「見える化」ができていれば（ここまで読んでくださった皆さんは、できているも同然です！）、次にとるべき行動は決まっています。

「うちの管轄の電力会社にはないので……」ではなく、ないなら作ってもらいましょう。電力会社の窓口に行きましょう。支社に行きましょう。本社に行きましょう。

他の電力会社も東京電力と同じように、CO_2の削減目標を持ってて、その数値を公表しています。その達成のお手伝いという良いことをするのです！　また、自由化とはいっても電力会社をまだまだ簡単には選べないわけです。東京電力管内の企業はCO_2を買ってもらえて、他の電力会社ではそうしてもらえない不公平を、放置しておくのは……。

次に、CO_2の削減が第一義の目標だということを忘れず、**常に原点に立ち返る**こと。

省エネのための機器を作ったり使ったりすることでもCO_2が発生します。だったら「設備投資がないほうが良いのではないか」という、**常識にとらわれない考え方**が大事です。

『ECOサポートプラン』は従来省エネ機器導入の場合にしか認定されないと思われていましたが、機器導入**など**となっているので他のやり方でもできるのです。私のお客様は電力の**【運用改善】**（無駄の排除）だけで（つまり何らかの設備を導入することなく）認めてもらいました。

最後に、もはや「環境対策とコスト削減とは両立しない」という考えは、時代遅れであるということです。この2つの**一見相反する要求を同時に満たす**ことが、これからの企業存続の条件です。

こうした姿勢の下で、改善活動の結果の「見える化」を、環境への貢献の「見える化」につなげていくことできれば、従業員の士気も高まります。

コスト削減point

あきらめず、常識にとらわれず、環境対策とコスト削減の両立を目指しましょう。

「見える化」その⑩

新たな削減手法が「見える」と、人材を新たな戦略部門に再配置できる

コスト削減の手法は日々進化しています！

コスト削減の【調達改善】の最新手法として、「電子入札（＝リバース・オークション）」というものがあります。日本を代表する大手企業や成長・躍進著しい流通企業では、購買のかなりの分野ですでにリバース・オークションが活用され、**1社当たり数十億円単位のコスト削減を実現**しています。

リバース・オークションとは、いったいどのような仕組みなのでしょうか。

皆さん「ヤフーオークション」はご存知でしょう。オークションの買い手と売り手の立場がちょうど逆になり、価格を競り下げていくのがリバース・オークションです。

買い手は、必要とする商品の条件（仕様）と「買ってもいい」金額（上限価格）を提示します。これに対し、複数の売り手企業が一定期間中、継続的に競って価格を提示していきます。結果、安い価格を提示した相手から順に、取引交渉権が与えられます（ただし、

あくまで交渉権です)。

ドラスティックな削減の場合、「安かろう・悪かろう」と、品質低下を懸念される方も多いと思います(実はこれ、ほとんどのケースは誤解なのですが)。ところが、実際はコストを削減するのみでなく、**同時に品質向上を目指して交渉を行います**。今以上の品質が大前提と考えてください。

具体例で見てみましょう。

定期清掃年間コスト3000万円を33%削減!!

年間3000万円の定期清掃費。まず、**前提を疑う**ところから始まります。そもそもなぜ3000万円なのか? 仕様内容は? 実際、購買価格の多くは、内容、数量等から厳密に算出されてはいません。こうした前提条件の洗い出しから、ヒアリング調査、市場調査等を経て、入札に必要な仕様書を作成していきます。

並行して、**品質担保のための戦略**を練ります。この案件の場合、

1. 国内ビルメンテナンス業者の中で、売り上げ上位30社を対象にする
2. 落札後、取引を開始するが、1カ月の無償使用期間をおく

3. 光沢度測定を定期的に実施し、基準を満たさぬ時は、無償での再清掃を義務づける

4. その他一定品質を下回る場合、契約解除でき、損害賠償請求も可能にする

5. ビル拠点ごとに、清掃回数、内容、金額についても四半期に一度報告を義務づける

といった枠組みを策定し、仕様に反映しました。こうして、33％のコスト削減を実現する一方、以前よりレベルの高いクオリティも同時に実現しました。

他の経費項目のコスト削減率は？

今までに実施した、リバース・オークションによる項目別平均削減率は、

- **エレベータ管理　5％**
- **内装工事　20％**
- **清掃　30％**
- **警備　10％**
- **電気保安　30％**
- **消防点検　20％**
- **管球（電球や蛍光灯など）　30％**

どうです、明らかに効果があるでしょう。

先日も、すでにひととおりのリストラを終え、コンサルティングに入ったものの電力、通信費、コピー代では当面できることがほとんどなかった大手量販店で、リバース・オークションを行いました。すると、紙袋・伝票・清掃費を中心に、**4つの対象項目で3300万円**のコストが削減されました。

当然、当初バイヤーや会社の幹部の方々は「うちはこれ以上は下がらないでしょう」「ではお手並み拝見」という冷ややかな反応でした。やるべきことをやってきた企業です。しかし事実は、そこからさらに3300万円のコスト削減ができたのです。

ここで重要なことは、コンサル側単独ではなく**現場のバイヤーの方々を常に主役にしつつ、巻き込みながら活動を行う**ということです。

初めてのオークションでは役員会にバイヤーの方々も同席いただき、社長の目の前にパソコンを持ち込んで行いました。もちろん、手柄はバイヤーの方たちのものです。終了後、社長の口から「正直驚いた！　これからはできる限り多くのものをリバース・オークションしてくれ！」との言葉が出ました。バイヤーの方々からも「店で売っている商品もこれで安くならないかなー」「自分達は2、3社でこれまで競ってもらってきていたけれど、オークションに参加するサプライヤーの数が違うと、ここまでの結果が出ることがわかった」「今後は、リバースにかけるものと、そうでないものの区別をしっかりとしたい」「もっと、サプライヤーの開拓と、業界の知識を深めなくてはならないことがわかった」等のコメントが次々と飛び出したのです。たぶん、バイヤーの方々も本業深耕に目覚めたと思います。

リバース・オークションが商品の購入にまで及べば、バイヤーの人数をさらに少数精鋭にできます。そうすれば、商品知識を誰よりも持っているバイヤーの方々を店頭へ再配置（本来のリストラ）できます。優秀な人材の店頭への再配置によって売り上げを伸ばしつつ、一方、リバース・オークションで仕入原価を抑える＝利益の増大。これこそ、本来のコスト削減が目指すところです。

コスト削減point

キーワードは、〃これぞ真のリストラ〃です。

成功例に学ぶ

大手リゾート旅館のケース

改善活動の結果の「見える化」が、コスト削減活動に与える影響の大きさと、会社を元気にする様子を、大手リゾート旅館での活動事例を元にレポートします。改善活動の結果の「見える化」がもたらす高いレベルの削減効果と、それが生み出す新たな価値を、コンサルティング会社の担当者の《コスト削減委員会参加レポート》から感じ取ってください。

コスト削減委員会参加レポート

2005年夏から、電力の【運用改善】によるコスト削減に着手。

参加者：社長室長、施設設備管理者2名、サービス推進部部長、統括部長、経理課係長、総料理長の計7名。あらゆる経費の「コスト削減」に取り組むべく、2004年10月に「コスト削減委員会（前記7名で構成）」が立ち上がり、月に2度（第2、第4火曜日）委員会が開催されています。今回第2回目の委員会が開催され、私もコンサルタントという立場で参加して来ました。今回はまだ2回目ということもあり、初顔合わせになる方との挨拶を含めての軽いディスカッション程度の気持ちで参加しました。しかし、話をしていくうちに、すでに電力に関してコスト削減のさまざまな取り組みを行っていて、その効果の検証も始まっていました。

当日話し合われた、今までの取り組み内容、問題点、対策等は次のとおりです。

取り組み・その①「ケチケチキャンペーン」

10月中旬に1日だけ「ケチケチキャンペーン」というものを施設内で実施。お客様に迷惑がかからないギリギリの範囲まで「節電」することに従業員一丸となって取り組み、「いったい1日でどれくらいの電気代が削減できるか」を、新しく導入した電気の「見える化」システムで計測、結果は約2万円でした（※比較基準は、だいたい同じ客数の日と比較。天気・気温は考慮していません）。

開催中は、施設内を「ケチケチ部隊」が巡回し、徹底して電気のムダ遣いがないかを逐一チェックしていった。

取り組み・その②

電気の「見える化」システム導入後、売店の従業員が電灯のスイッチが集中している場所に、いろいろな状況（準備中、接客時、後片づけ時等）で無駄のない電灯使用がなされるべく、作業時に合わせてスイッチごとに色違いのテープを貼りつけて節電に努めている。

―問題点―

単体の部門でこのような取り組みを行っているだけで、他の部門に対して取り組み内容等の共有がされていない。

―対策―

各部門が行っている〝コスト削減取り組み〟の内容・効果・問題点等を、従業員が集まる場所（食堂・通路・事務所等）に掲示する。

電気の「見える化」システム導入後の取り組みとしては、この2つです。その他、会議中に現場の責任者間でコスト削減に対するいろいろな意見が飛び交いました。

●宴会場のスイッチの簡素化

宴会場には電灯のスイッチが

あまりに多く、準備・片づけの時につけたい部分だけをつけるのが大変なので、スイッチを簡素化して、いろんな状況（準備中・接客時・後片付け時等）に瞬時に対応できるようにしてほしい。（客室・宴会場責任者談）

●「普段、従業員がコスト意識なく使うコピーにコストがかかっている」ことを伝えたい

毎月のコピー・プリントアウト（モノクロのみ）の数が大変多く、従業員が無意識に使用している。コピー機等の前に、上司の大きな写真に「本当にそのコピーは必要なのですか？ それにもコストがかかっていることをわかっていますか？」と言うようなセリフを入れて、大きく貼り出してみようか（笑）。（社長室長 談）

今回、「コスト削減委員会」に参加して感じたことは、「意識改革というのは大変難しいものだが、行ったことの結果が見えると確実に根づいていくもの」であるということです。

2回目の委員会ということもあり、具体的なコスト削減対策が参加者全員の口から出てきたわけではありませんが、明らかに参加されていたほとんどの方からコスト削減に対しての意見やアイデアが出て、「ぜひ取り組みたい」との熱い気持ちが伝わってきました。

そして、一番驚いたのは、参加した従業員の方々が、コスト削減に対してネガティブな考え方を持っておらず、大変「楽しく」取り組んでいたことです。

もうひとつ印象的だったのは、初めはこの活動にあまり乗り気でなかった客室・宴会場の責任者が、「私は皆で取り組んだケチケチキャンペーンで、成果が出たこと自体がすごく嬉しい！ だから、どうしても継続していきたい」と、強くおっしやったことです。

このようなコスト削減意識を持った、持ち始めた上層部、現場責任者がいる企業は活気があり、大変力強く感じました。意識のない方に意識を持たせるのは大変難しいことですが、意識を持った方々が同僚、部下にその意識を伝えたいという〝熱い気持ち〟があれば、時間はかかっても意識は根づいていき、それが〝コスト削減のＤＮＡ〟になっていくのだと感じました。

まだまだ、ここではそこまで行くのには時間がかかるかもしれませんが、確実にそれに向けての一歩を踏み出していることは確かです。

最後に、コスト削減への取り組みとは、もちろん「経費が下がり利益につながる」ということが一番だと思いますが、それと同じぐらい、そこで働いている方々が、**同じ目標を共有し、楽しみながら取り組み**、成果を出し、その成果に対して力を合わせて達成したことの喜びを得られ、そして、その「**共有の喜び**」**こそが、その企業を活性化させる**ことができると強く感じました。

コスト削減 用語解説 一般用語編

【トップランナー方式とは】

省エネ基準を策定する際の、性能に関しての目標値を定める方法の１つがトップランナー方式で、日本が世界に先駆けて採用しました。

この方式は、「自動車の燃費基準や電気製品（家電、ＯＡ機器など）の省エネ基準を、それぞれの機器において現在商品化されている製品のうち、最も優れている機器の性能“以上”にする」という考え方から生まれたものです。

つまり、それぞれの機器を作る時には、燃費や省エネ性能（エネルギー消費効率）がトップの製品にがんばって追いつき追い越していこうというものです。

私たち一人一人がムダなエネルギーを使わない生活を目指すように、機器の省エネ化も同時に図っていこうということです。こうすれば、新しい製品になるほど省エネ性能が高まっていき、環境にやさしい製品が次々と生まれてくることになります。

製品本体やカタログには、省エネ性能が表示されるので、製品を選ぶ時に大いに参考になります。「省エネ型機器」とよく聞きますが、その基準は明確であるということです。

第4章

まだまだできる！コスト削減20の教材

「正しい」コスト削減のための5つのポイントを押さえ、
徹底した「見える化」でコスト削減を実現した事例と、
そのナレッジに迫る。
「あ、そういうことだったのか！」と、
あなたの目からたくさんの鱗を落とします！
そしていずれの事例も、「正しい考え方」と「心構え」があれば、
「お金をかけず」に誰にでもできるコスト削減です。
1人でも多くの社員の目から鱗を落とすことで、
彼らのやる気に火をつけることが目的です。

コスト削減の教材①

電力会社の契約プランを見直そう・その1

電力会社が「**長期契約割引**」と「**大口契約割引**」を打ち出してきました。

2005年の6月12日の日経新聞1面トップに、『大口電力長期契約に割引』『大手各社基本料金、最大5％』『新規事業者・ガスに対抗』なる見出しがバンと出ていました。

その記事の内容は、「電力会社との間で長期の電力供給契約を結べば、基本料金部分の割引（基本料金の単価値下げ）をしましょう」というものです。東京電力を例にとれば、東京電力との間で3年間の契約を結ぶことで、現在1kW当たり1560円の基本料金を、50円も負けてくれます。これは、携帯電話や一部固定電話の『年々割引』に似ています。

たかだか50円ではありません。削減の率に換算すると、**基本料金が3～4％も安くなる**のですから！

需要規模が2万kWの大型工場では、これだけで**年間1200万円の削減**になります。

同じく5000kWの大型スーパーでは**年間で300万円の電気代の削減**です。ある電力会社では、5年契約で5%基本料金を割り引くケースもあります。

大口電力といっても契約電力500kW以上ですから、意外と多くのお客様が対象となります。郊外型スーパー、大型パチンコ店、大手総合病院……すべて対象になります。このような契約プランが出てくる背景は、電力小売自由化部門への新規参入者(PPS)の登場と、ガス会社の攻勢です。ちなみにPPS(Power Producter and Supplier)とは特定規模電気事業者のことで、総合商社や都市ガス会社が、電力市場に参入してきています。

大口向けの電力小売が自由化された2000年以降、大手電力会社10社は、累計顧客数で440件、153万kW分の契約をPPSに奪われました。何とこれは**原発1・5基分**に相当します。大きな影響です。また、ガス会社には自家発電で随分やられています。例えば都市ガスで発電し排熱も利用するコージェネというシステムです。旧来の電力会社は、長期契約で大口のお客様を囲い込みたいのです。これを利用しない手はありません。

コスト削減point

たった50円の基本料金ダウンでも、大手工場なら年間1200万円もの削減に!

【特定電気事業者】〈六本木エネルギーサービス・諏訪エネルギーサービス等〉

限定された区域に対し、自らの発電設備や電線路を用いて、電力供給を行う事業者。

【特定供給】〈本社工場と子会社工場間での電力供給等〉

供給者・需要者間の関係で、需要家保護の必要性の低い密接な関係（生産工程、資本関係、人的関係）を有する者の間での電力供給（本社工場と子会社工場間での電力供給等）。

2001年4月の特別高圧施設自由化に始まり、2004年4月の高圧500kW以上の自由化を経て、2005年4月には高圧全面自由化となりました。これにより、**PPS**（特定規模電気事業者）による需要獲得が進み、2003年4月末の165件、58万kWから、2005年9月末時点では1,075件、282万kWの需要獲得に至っています。

2005年度に入ってからは、高圧分野での需要獲得も進展していて、件数ベースでの需要獲得ペースは加速度的に進んでいます。また、2004年度の電力需要量におけるPPSのシェアは、0.8%です。これを契約種別内訳で見ると、特別高圧契約では3.0%、施設形態別では、業務用施設で8.7%のシェアを獲得しています。

電力市場全体におけるPPSのシェアは、現在はわずかですが、特定の需要家分野ではPPSの存在は、確実に大きくなりつつあります。

コスト削減 用語解説

電力関連用語編

【10大電力会社以外の電気事業者】

電気事業を行う事業者は大きく６つに分かれます。

【一般電気事業者】〈東電、関電、中部電を始めとする10大電力会社〉

一般（不特定多数）の需要に応じて電気を供給する者。東京電力・関西電力などの10電力会社が該当します。事業形態は発電から流通、販売までの一貫体制をとっていること。よって、一般への電気供給は一般電気事業者以外が行うことはできないことになっています。

【卸電気事業者】〈Ｊパワー、日本原子力発電等〉

一般電気事業者に電気を供給する事業者で、200万kW超の設備を有する事業者。

【卸供給事業者】〈独立発電事業者【IPP】※である新日本石油、神戸製鋼所等〉

一般電気事業者に電気を供給する卸電気事業者以外の者で、一般電気事業者と10年以上にわたり1000kW超の供給契約、もしくは、５年以上にわたり10万kW超の供給契約を交わしている事業者。

※Independent Power Producer

【特定規模電気事業者】〈小売自由化部門への新規参入者、特定規模電気事業者【PPS】※であるダイヤモンドパワー・エネット、新日本製鐵、丸紅、イーレックス等〉

契約電力が500kW以上の大口需要家に対して、一般電気事業者が有する電線路を通じて電力供給を行う事業者。

※Power Producer and Supplier

コスト削減の教材②

電力会社の契約プランを見直そう・その2

実は、新聞記事になる前から、早いところでは２００４年末から、電力各社は大口ユーザーには複数年契約での基本料金の割引を提案していました。大手ユーザーへの案内が終わり、囲い込みの目処が立ち、２００５年4月以降はその動きに拍車がかかってきました。では、中堅企業が待っていれば、電力各社は営業に来てくれるのでしょうか？　残念ながら、こちらから呼ばない限り来てはくれません！

私が契約電力５００ｋＷ以上の企業のコスト削減担当者なら、次のようにします。

これから先、電力の調達先や手段が増えることを前提に、今の電力会社と「最も長い期間の契約」を結びます。その間にもっと安い調達先が出てきたら、**その都度電力会社に相談**します。もし電力会社がさらなる引き下げに応じてくれなければ、他社へ乗り換えます。

たぶん、電力会社は残った契約期間のことを言ってくると思います。ただ、その頃には今よりも競争環境にあるでしょう。そして、途中解約に関して「大幅なペナルティを支払え」ということにはならないと思います。むしろ、他に取られないためにも、さらに値段を下げてくるか、付加サービスを提案してくれるはずです。下手に2年契約をするくらいなら、**思い切って3、4、5年契約を選択**します。

基本料金1kWの単価が3％違うと、（2年で2％、5年で5％の割引率とした場合）東京電力管内で契約電力500kWの中堅スーパーでは、**5年間でなんと140万円の電気代の削減**になります。

こうして、1円でも安い基本料金単価を一刻も早く獲得し、コスト削減の次のステップである**使用量のピーク対策（電力コントロール）**にとりかかります。それも1円の投資をすることなく。使用量のピークを5％カットできたら、先ほどのモデルケースでいくと、単年度契約で何もしなかった場合と比べると、**5年間で680万円**もの基本料金が削減できます。これは大きな差です！

コスト削減point

まずは長期契約で基本料金の単価を下げることから。

また「低圧」は、モーターを中心とした動力を動かす200Ｖの電気（よって、「動力」と言われます）と、電灯を中心に、事務機器や家庭で家電製品を機能させる100Ｖの電気（よって、「電灯」と言われます）に分けられます。200Ｖの電気を、電柱から電線で引っ張り、供給を受けているお客様の、電力会社との契約の種別は「低圧電力」の契約と言い、100Ｖの場合には「従量電灯」の契約と言います。

【W(ワット)とWh(ワットアワー)の違い】

W（ワット）は電気の「力」を、Wh（ワットアワー）は電気の「量」を表します。1kW（キロワット）の電気を3時間使った場合、

1kW×3h（h＝時間）＝3kWhの量の電気を使ったということになります。

これに、電気使用量単価を掛けたものが電気料金の使用量部分の請求金額になります。

つまり、電気料金はW単位ではなくWh（通常kWh）単位で計算されるのです。

コスト削減 用語解説 電力関連用語編

【電流・電圧・電力の違い】

電流・電圧・電力とは、どれも電気を表す単位のことです。**【電流】**とは、電線の中を流れる電気の量をいい、その単位としてアンペア（A）が用いられます。**【電圧】**とは、電流を流すための圧力で、その単位としてボルト（V）が用いられます。**【電力】**とは、電流によって単位時間になされる仕事の量、つまり仕事率で、その単位としてワット（W）が用いられます。電気器具など電気を使う側からすると、電気エネルギーを消費していることになるため、「消費電力」と呼ぶこともあります。

電力の大きさは、次の式のように電流と電圧の積で表されます。

電力（W）＝ 電流（A）× 電圧（V）

たとえば、消費電力が1000Wのドライヤーを家庭で使う場合の電流を考えてみましょう。

家庭の電圧は、日本の場合通常100Ｖですから、

流れる電流は「1000（W）÷ 100（V）＝ 10（A）」ということになります。

この数字を元に電力会社との契約アンペアを検討したりします。

【高圧と低圧、そして低圧電力の違い】「低圧」と「低圧電力」は違います！

電力会社の供給電圧は、大きく２つに分けられます。6000Ｖ（ボルト）を境に、それ以上を「高圧」それ未満を「低圧」と言います。さらに、２万Ｖの「特別高圧」、6000Ｖの「高圧」、200Ｖや100Ｖの「低圧」に分かれています。

【50Hzと60Hzの違い】
なぜ2つに分けているの？

コンセントから取る電気は、交流といって電気の流れる方向が１秒間に何十回も変化しています。この流れの変わる回数を周波数（単位はＨｚ：ヘルツ）といいます。

日本の電力は東日本が50Hz、西日本が60Hzと、地域によって周波数が２種類に分かれています。これは明治時代に大型発電機を購入したとき、東京電灯がドイツから、大阪電灯がアメリカから輸入したため。日本は静岡県の富士川と新潟県の糸魚川あたりを境にして、東側は50Hz、西側は60Hzの電気が送られています。

ですから、東京電力の原発事故で電気が足らなくなった際も、そのバックアップをしたのは中部電力ではなく、東北電力でした。東京電力と中部電力の間にはヘルツの変換機がありますが、変換の容量に限界があったのです。

コスト削減 用語解説

電力関連用語編

【電力系統(でんりょくけいとう)と系統連系(けいとうれんけい)】

電力系統とは、電気を使う側の顧客の「受電設備」（電力会社から送られてきた電気を自社設備に適した電圧に変換するもの）に供給するための、発電・変電・送電・配電を統合したシステムのことです。

日本では、10の電力会社がそれぞれ電力系統を持ち、沖縄電力を除いた9電力会社の電力系統は、例えば関西電力と中部電力のように、近隣のいずれかの電力系統と接続されています。日本の商用電力のほとんどは、この巨大な電力系統に接続されているのです。

ちなみに、東京電力と中部電力は電力系統が接続されていますが、変換機の変換容量（60Hzを50Hzに変換する容量）に限界があるため、同じヘルツでの隣り合った電力会社同士のようにはいきません。

一方、**系統連系**とは、自家発電した電気を逆に流して電力会社に売れるように送電線網へつないで運用することを言います。例えば太陽光発電では、夜間は発電しませんので、「電力会社から電気を買う」ことになりますが、昼間は発電し電気が余っていれば系統連系することにより、その余った電気を電力会社に売ることができます。

電力会社の契約プランを見直そう
［従来の契約プランの活用と見直し］

これは住宅展示場を運営しているお客様から教えられました。この会社の展示場は、高圧受電をしていて、業務用電力の契約を電力会社と結んでいました。

ところが、「九州電力とのタイアップが決まり、モデルハウスは基本的にオール電化住宅にします」との連絡をその会社から受けたので、電気料金の選択プランを再度見直すことにしました。

電化住宅となると、調理機器はガスからＩＨ電磁調理器に替わります。週末に来るお客様向けに料理講習会等のＩＨ機器を使ったイベントが増えることなどが目に見えています。

そうなると、週末の電気使用量が今まで以上にかさみ、「平日と休日の電気使用量の差が今までの比ではなくなる」と**予測**したのです。

ＩＨ機器の設備容量とＩＨ機器の週末（土・日・祝日）の稼働状況によって効果の幅は違ってきますが、オール電化の住宅展示場は、大半が『ウイークエンド』（電力会社によっては『休日高負荷契約』）の選択プランを選ぶか、それに切り替えることで確実に電気代を削減することができます。つまり、**週末（土・日・祝日）や休日（日・祝日）の電気料金が割引になるプランに変更するだけで、コスト削減になる**ということです。

さすがの電力会社でも、ここまでお客様の利用状況の変化を的確に把握して提案するセンスはありません。また、そのための人員もいません。

あなたの近くに住宅展示場はありませんか？　売ることもできず、人も住んでいないのに電気代を払うことに頭を痛めているハウスメーカーの社長さんはいませんか？　まだまだ電気料金のプランには「こだわれ」ます！

契約の何たるかを「正しく」知って、もっともっと最適化にこだわりましょう！

コスト削減point

現状把握と将来の予測をしながら、料金プランを切り替えていきましょう。

電力会社は民間企業。ならば契約にもっともっとこだわろう！

まだまだ奥が深い「電力契約見直しにおける４つの交渉（業界では「協議」と言います）ナレッジ」について、具体的な事例を交えてお話しします。

『電力自由化　乏しい実感』
『送電費用、最大のネック』
『「小口向け」競争進まず』
『余剰電力の市場取引低調』
『売買主体が固定化』――

２００５年５月の日経新聞『ニュースがわかる特集』で躍っていた見出しです。

まさに**電力の自由化がうまくいっていない**ことを如実に表す記事が、紙面を埋めていました。これは、10大電力会社が戦後ずっと14兆円もの巨大マーケットを独占してきたわけですから、当たり前と言えば当たり前です。通信の自由化だって、ここまでくるのに18年の歳月を要しています。

では今、電力会社との間で何をどう交渉すれば最適な電気の購買ができるのでしょうか？

既存電力会社との粘り強い交渉の結果、最適な契約を勝ち取った最新の４つの交渉ナレッジを紹介します！

コスト削減point

最適な契約を勝ち取った最新の４つの交渉ナレッジをチェック！

交渉ナレッジ①

契約電力をあえて上げて、複数年割引に持ち込む【基本料金削減】

最初の事例はボウリング場です。

ここは、電力会社との間で契約電力500kWにて3年で毎年5%基本料金を割り引く、いわゆる複数年契約（長期契約割引）を2005年4月に締結しました。2004年（過去1年間）のデマンド（需要）実績を見ると最大が486kWであるにもかかわらず、です。一見、500kWで契約すると14kWの無駄に思えます。

ところが、よく考えてみてください！　500kWで契約した場合、**5%割引なので実質475kWで契約したのと同じこと**になります。わざわざ500kWに契約電力を上げて複数年契約を結ばなければ、電力会社は自動的に昨年の最大需要電力486kWをそのまま今年に適用します。交渉の余地はありません。

ではなぜ、わざわざ500kWにしたのか？　486kWでもよかったのでは……。それは、契約電力を電力会社との間で話し合って決めることができるお客様の契約電力の対象範囲が、現状ではまだ**500kW以上に限定されている**からです。

ここまでして、いくら電気代が違うかというと**年間で約20万円**です。**3年で約60万円**。それほどの額ではないと思う方もいるかもしれませんが、この金額が**そのまま企業にとっては純利益**になるのです！　しかも、契約プランを追加しただけです。設備投資もなく、社員をクビにしたり、逆に専門の担当者を増やしたりすることもなく。

だからこそ、ここまでやる価値があるのです。経営者意識を持ったスタッフが、現場で考え抜いた価値ある契約へのこだわりなのです。

コスト削減point

割引適用「後」の（総支払い）金額をチェック。そこから比較して最適契約を選択！

交渉ナレッジ②

3カ月ごとに契約電力を見直す【基本料金削減】

次は結婚式場のケースです。

この会社では、施設も大規模で当然夏場の土・日の結婚式のピーク時に毎年契約電力を更新してきました。一方で、オフシーズンの平日にはほとんど電気メーターは回りません。にもかかわらず、その月の電気代の基本料金は夏場のピーク時のものです。オーナーは「電気も大して使っていないのに、何百万円もの基本料金を持っていくのか！」という腑に落ちない心境でした。

そこで、結婚式場の過去3年間の毎月のデマンドの推移がわかるデータを電力会社から取り寄せ、データを徹底的に調べたのです。いかに結婚式場が式の組数やその時の天候に左右されてデマンドのピークを迎えてしまうか。また、デマンドの季節変動の激しさ、さらには設備の稼働率の悪さを理解し、最終的には「**季節（3カ月）ごとの契約電力設定**」という歩み寄りの条件を、電力会社から獲得しました。

削減効果は変動があるために3カ月が終了した後の数字にはなりますが、年間で**間違いなく3ケタ万円の基本料金の削減**が予測されます。

実は、同じようなことがスキー場でも起こっています。

冬場に一番電気を使ったわずか30分の電気使用量を基に、電気をほとんど使わない夏場にも高すぎる冬場と同額の基本料金を払い続けなければいけないという点では、結婚式場の比ではありません。ならば、ここから次に取るべき行動は見えてくるはずです。

コスト削減point

過去の使用実績データを基に、電力会社と基本料金の決め方を交渉しましょう。

交渉ナレッジ③

「1敷地1施設1契約」と考える【契約種別変更&基本料金削減】

港に併設の生コンの工場のケースです。

ここでは契約電力が700kWを超えていました。毎月のデマンドも600〜700kWの間で、**電気代の半分を基本料金が占めていました**。

一方、電気を大量に消費するのは生コンを作るミキサーであり、それをミキサー車まで運ぶベルトコンベアであり、港の船から原料を下ろすクレーン（通称：ガンダム）であり、工場が稼働中には決して止めることができない動力設備が中心でした。よって、簡単には制御できるものがなく、電気代削減の有効な手立てがないものかと悩んでいました。

そこで、ズバリ**電力契約を**ミキサー・ベルトコンベア（生産工場）部分とガンダム部分の**2本に分けました**。

そうすると、生産工場部分は契約電力が400kW、ガンダム部分が300kWとなり、高圧電力Bという契約1本だったものが、高圧電力Aという契約2本に変わったのです。

●**基本料金単価は、B契約が1650円／kW、A契約が1175円／kW**
●**使用料単価は、B契約が8・44円／kWh、A契約が9・26円／kWh**
（東京電力の場合）

いずれにしても高圧電力B契約からA契約に変更することで、基本料金が大きく削減されたのです（1650円↓1175円）。全体での実削減金額は、契約を分ける前と比べて**年間で200万円を大きく超え**ました。当然、同一敷地内ですから、契約者の名義はきちんと2つになっています。

既成概念を捨て、**『1敷地1契約』ではなく、『1敷地1施設1契約』と考える**こと。この手法は、マンション建築の際にも役立ちます。共用部分と立体駐車場の契約を2つに分けることで、立体駐車場部分を業務用電力契約ではなく、使用料単価も基本料金も安い高圧電力契約にできるのです。これは耐震構造には全く影響を与えない削減です。

コスト削減point

例えば、工場ごと、施設ごとに契約を分ける。既成概念を捨てることでコスト削減につながります。

交渉ナレッジ④

ベルトコンベアはOKで、フォークリフトはNG？

【契約種別変更&基本料金削減】

倉庫は通常、200Vの電気で動く動力設備が特になければ業務用電力契約となります。そこで、荷物を自動的に選別する機械や、それらをトラックまで運ぶベルトコンベア等のいわゆる動力設備が作業場ごとにあれば、業務用電力契約と比べて基本料金も使用料単価も格安の「高圧電力A契約」という契約になります（大型の倉庫を除く）。

- **業務用契約　基本料金単価　1560円／kW　使用料単価　10．07円／kWh**
- **高圧A契約　基本料金単価　1175円／kW　使用料単価　9．26円／kWh**

（東京電力の場合）

この単価の差は見逃せません。また2005年末には、選別機やコンベアやその他の動力設備が何もない倉庫（当然業務用電力契約をしている倉庫です）に、フォークリフト（バッテリーで動く）があれば、それが「動力設備」として3年越しで認められるようになりました。

今までは、「フォークリフトはコンセントにつながっていないので動力設備ではない」という理由から、高圧電力A契約を認めてもらえませんでしたが、今は流れが変わってきているようです。

ということは、フォークリフトが走り回っている業務用電力契約の倉庫は、単価のより低い高圧電力A契約に変更できる可能性が極めて高くなったということです。適用の要件を満たせば、**その倉庫の電気代は最低でも15%は下がります**。これは非常に大きな削減です。

さあ、フォークリフトが走り回っている業務用電力契約の倉庫を持っている会社はありませんか？　価値ある情報に基づくナレッジこそが、利益を生み出します。

コスト削減point

倉庫の電気代を15%ダウン。3年越しの交渉がコスト削減の実を結びました。

コスト削減の教材③

誰も正しく理解していないESCO事業。正しい活用の仕方は？

財団法人省エネルギーセンターでは、ESCO事業を以下のように定義しています。

「ESCO事業とは、工場やビルの省エネルギーに関する包括的なサービスを提供し、それまでの環境を損なうことなく省エネルギーを実現し、さらにはその結果得られる省エネルギー効果を保証する事業です。また、ESCOの経費はその顧客の省エネルギーメリットの一部から受け取ることも特徴となっています。

ESCO事業を導入するメリットは、ESCO事業導入による省エネ効果をESCOが保証するとともに、省エネルギー改修に要した投資・金利返済・ESCOの経費等は、すべて省エネルギーによる経費削減分でまかなわれます。また、契約期間終了後の経費削減分はすべて顧客の利益となります」

エネサーブ、ファーストエスコ、省電舎……。ESCO事業をビジネスモデルのコアとして株式公開する企業が続々と出てきています。その中でもエネサーブという会社は、自家発電の業界でＥＳＣＯ事業モデルを確立したパイオニアです。年間数千万円をはるかに超える電気代を電力会社に支払っているお客様に対して、「電気を作る設備を設置するスペースを貸してください。そこにお客様のためだけのミニ発電所を造ります。重油代を含めたメンテナンス代、環境対策費等はすべてこちら側の負担でやり続けますので、今、電力会社から１ｋＷｈ当たり９円で買っている電気を、10年（または13年）にわたって８円で買ってください」というような営業です。

ご覧の通り、お客様にとっては、**ほとんどのリスクをヘッジできる**非常に良い仕組みでした。

このビジネスモデル（最近では同社の名前を取って『エネサーブ方式』と言われています）を持って、エネサーブは東証１部まで短期間で駆け上がりました。その、エネサーブにシェアを喰われた電力会社の社長に、「皆さんもっとお客様サイドに立った『エネサーブ方式』のようなモデルを考えなさい」とまで部下に言わせるほど、このＥＳＣＯ方式に基づくビジネスモデルは電力会社を追い込みました。現在、エネサーブはオーバーホールした発電機を使って、ＰＰＳとして電力小売事業まで始めています。

一方、『ファーストエスコ』はエネサーブのような単独でのＥＳＣＯモデルに対して、省エネノウハウを持った異業種のコンソーシアムでのビジネスモデルを立ち上げました。

最近では環境への負荷の低減に軸足をおき、ますますの伸長を感じさせます。この会社の社長である筒見憲三氏が上場を記念して書かれた論文は、日本におけるＥＳＣＯ事業の歴史を理解するには格好の教科書になります。

省電舎は発電ではなく、省エネ効果が明らかな蛍光灯やモーターのインバータで、２００５年初めに公開を果たしました。特に蛍光灯インバータは既存の蛍光管に比べると30〜40％の省電力が可能なため、お客様への購入提案に際してその削減効果金額を保証したこと（ギャランティード・セービングス契約の採用）が公開のポイントとなりました。

いずれにしても、世の中にとって役に立ち、受け入れられているビジネスモデルだからこそ、それを事業展開のコアとして取り込んだ企業が公開しているのです。

コスト削減point

お客様サイドに立った新しいビジネスを提供する会社に、もっと注目しましょう。

2006年は、ESCO事業元年になる

最近では、タイル・建材、住宅設備機器メーカーのＩＮＡＸが、オフィスビルや商業施設を中心にＥＳＣＯ事業モデルを用いたトイレ改修を提案・実施しています。

このビジネスは、節水仕様のトイレを採用して、今まで毎月１５０万円かかっていた水道料金を１００万円に抑え、浮いた50万円を工事費に充て10年間かけて分割払いするというものです。これでＩＮＡＸは業界首位のＴＯＴＯに追いつこうとしています。

このように、ＥＳＣＯ事業は単に電気やガスだけに留まりません。しかし、まだまだ大規模施設対象のビジネスモデルの域を出ていません。

ＥＳＣＯ事業の課題は、「**精度の高い提案**」と「**確実な効果の保証**」です。ＩＮＡＸも節水量の80％を顧客に対して保証しています。より具体的に言えば、ＥＳＣＯ方式でいったんシステムが導入されてしまえば、システムが導入されていない環境の再現はできないということです。

となると、どこと比べて、いつと比べてその効果の確定をするのか？　事前の導入効果のシミュレーションの精度のアップは？　この2つに尽きます。このことが解決されれば、ESCO事業の対象領域は顧客規模、対象商材ともに格段の広がりを見せます。

先だっても、以前一度だけお会いしたことのある地方の電気工事関係の会社の社長から、突然「お客様から今回の電気設備の改修工事をESCO方式でできないかと言われたのだが、ESCOの意味を正確に教えてくれ」との電話がありました。**2006年度は本当の意味でのESCO事業元年**のような気がします。

ESCO事業の何たるかを「正しく」知って、いち早く取り込む姿勢こそがコスト削減につながります。

コスト削減point

ESCO事業、普及への課題は2つ。それは「精度の高い提案」と「確実な効果の保証」。

コスト削減の教材④

照明器具を替えることで、電気代が6割以上削減できる

「電球」を「省エネ球」に取り替えるだけでも、電気代は削減できます。

「省エネ球」は、見た目（明るさも、光の感じも）は「電球」とほとんど変わりませんが、**消費電力は「電球」の1／4程度に大幅に下がります**。一方、**寿命は「電球」の約6倍**。コスト（器具代）は「電球」の3〜12倍。ということは、たとえコストが12倍になっても、寿命が6倍、電気代が1／4になれば結果的には、従来の「電球」に比べて「省エネ球」にした場合に、**照明の電気代と器具代の総コストは半分以下になる**ということです（12倍÷（6×4＝）24倍ということで総コストは、「電球」：「省エネ球」＝2：1）。

「省エネ球」のコストが3倍以内であれば、総コストはなんと1／8になります。これが意外と**知って（知られて）はいても実践できていない**のです。

あなたの施設や店舗でも、シリカ電球、ミニクリプトン球（白熱電球）、ビーム電球等のムダな「電球」を使ってはいませんか？　さあ、即見直してください！

具体的な例をお話しします。

照明器具を調べ上げての「電球」から「省エネ球」への交換による電気代の削減は、今日からでもできます。しかし、年商数百億円の飲食店グループの店舗ですら、このあたりは手つかずの状態でした。むしろ大手であるがゆえに店舗のデザインにこだわり、結果ランニングコストのことを考えての店作りになっていない状況のまま、ムダな電気代を長年にわたって払い続けていたのです。

テナント出店であるがために電気代単価の極めて高い店舗では、50個の「電球」をすべて「省エネ球」に取り替えることで、1店舗あたりの**年間の照明の電気代＋器具代がなんと67％も下がりました**。金額に換算して27万円の年間削減です。

ちなみに、この飲食店グループは２００店舗以上を出店しています。全店舗をくまなく「省エネ球」に取り替えた場合に予測されるその総削減金額は、単純試算で**年間５０００万円を優に超えます**。また、全店で取り替えれば、「省エネ球」の購入単位（ボリューム）も極めて大きくなり、照明器具の購入コストのさらなる削減が図れます（ボリュームディスカウント等）。

ただ、こうした場合でも中途半端な知識とやり方では、店舗設計部門や建築・デザインの先生方の声に打ち消されてしまいます。変化を嫌う管理部門、「光の感じが大事なのです！」との先生方の声。どこが、何が何でも「電球」でなくてはならず、どこならそうでなくてもいける可能性があるのか？　電球やランプの種類だけでも20を超えます。そこで既存の「電球」の多い店舗なら、徹底的に全てを調べ上げ、判断をし、可能なところに関しては本当に見た目と感じが変わらない「省エネ球」をこだわりを持って選び抜いて取り替えればよいのです。

新店であれば、設計部門や建築・デザイナーの先生方にこういった情報（出店するビルの電気代単価や省エネ型照明器具の種類がここまであることなど）を事前にしっかり伝え、運営コストの安い店舗作りも含めての依頼をする姿勢も大事です。先生方は集客・快適空間創造のプロであって、**ランニングコスト最適化のプロではありません**。

「**たかが照明、されど照明**」です。

コスト削減point

「省エネ球」に取り替えるだけで、照明に関するランニングコストが1／8に！

コスト削減の教材⑤

テナントで入っているからと、電気・ガス・水道代の削減をあきらめないで！

電気も、ガスも、上下水も単価の設定は大家さんの自由裁量です。

ある駅前型の家電量販店の話です。都心を中心に15カ所のビルに入って商売をしています。電気代を中心に、エネルギーコスト削減のための【調達改善】を自社で行っていました。とはいっても大半がテナント出店です。電力会社から直接電気を買っている店舗は、ごくわずかでした。よって、一定期間人材を投入して、ビルオーナー会社や大家さんとの間で電気代も都市ガス代も上下水道代も交渉して、可能な限り単価を下げました。正確には、**エネルギーコストの最適化**を図っていました。

なぜ、こんなことができるのでしょう？　それは、大きなビルや商業施設の場合、電気も都市ガスも上下水いずれも、大家さんがその供給元からまとめ買いをしています。そして、経費項目ごとに独自の料金・単価設定をします。その単価をテナントに取りつけた各種メーターから毎月読み取る使用量に掛けて徴収するのが一般的だからです。

実は、厳格な原価計算で単価設定をして、テナント（入居者、出店者）サイドに立って最適な徴収をしているところは多くありません。ビルを建ててもらった建設会社や管理会社に料金徴収の仕組みを作ってもらうのが一般的で、各単価の設定が他の施設の場合と比べて高いのか安いのか？　そのための設備投資の償却は何年で見ているのか？　といったことを、きちんと理解している大家さんは極めて少数です。なぜ皆さんがそれをそのまま受け入れているのかのほうが不思議です。

しかし、少なくともこの家電量販店はコスト削減のために今回はそのまま受け入れることなく見直しました。そして、大きなエネルギーコストの削減を実現しました。

コスト削減point

テナントだから安くなっている？ むしろ、高い料金を払ってしまっています！

大家さんは値下げの恩恵にあずかっても、テナント側には何もない不思議

電気ひとつを例にとって見ても、この5年間で10大電力会社は2回、本格的な値下げを実施しました。1回が平均で5～7％の引き下げです。2回ですから最大で14％です。大家さんによっては仕入れ価格が14％も下がっているところがあるということです。

東京電力の勝俣社長は、最近の日経新聞の取材で「当社は（電力の）自由化後、大口向け料金を2割下げた」と言っていました。

さて、テナントの皆さんは、電気代が14％、はたまた2割下がりましたか？　たぶん下がっていないと思います。もっと言えば、大家さんによっては、選択可能な割安メニューをきっちり選択して電力会社に支払う金額はしっかり減らし、テナント各社にはそのままの単価で請求するところも少なからずありました。わずかですが、エネルギーコストの差額で収益をあげてきたのです。これは、仕事柄、大家さん側に立って電力契約の最適化を通じてコスト削減を行う立場でもあったからこそわかることです。ひょっとしたら、あな

たが入っているビルでは、5年間で**電気代の仕入れ価格が20%近く下がっている**かもしれません!

ガスについては、電力に比して需要家数が少ないことから、**常に高めの単価設定にすることが多い**と料金を決める際にアドバイスをする立場の方が言っていました。

電力コストの最適化診断をしたビル1階に出店している旅行代理店のケースで見てみましょう。月の家賃120万円、電気代22万円、家賃に占める電気代比率はなんと17・5%でした。単体の経費科目の比率としては、なかなか歯ごたえのある数字です。

ここは100V（ボルト）、200Vの電気のいずれも23円/kWhで買っていました。電力会社から買えば、100Vはそのまま（23円）でも、200Vは11円/kWhで買えます。200Vに関しては、**約2倍で買っている**ことになります。すべての電気を電力会社から直接買うことができれば月間17万円（単価は17・2円）で終わっていました。この5年間に行われた2回の値下げ分を反映してもらっていれば、19万円（単価は20円）で済んでいました。直近1カ月の値下げ分のみを反映してもらっても20・5万円（単価は22円）で済みます。

皆さんも大家さんからの請求書を見て、まず1kWhあたりの電気をいったいいくらで買っているのかを認識してください。さらに、都市ガスを使っていれば1㎥あたり何円か（ちなみに通常は100円前後）上下水も1㎥あたり何円か（これは幅があります。200から700円くらいまで）。

そして次のステップは、大家さんにエネルギー単価算出の根拠を開示していただくとともに、大家さんと電力会社・ガス会社・水道局等との間の契約が最適化されているかのチェックをすることです。

たぶん、拒むところも多くあると思います。その際に大事な姿勢は、テナントとして入居、出店するということは、単独店を出すことと比べて新たな設備投資がいらない、集客を含めてのインフラが整っている、ランニングコストも安いなどがその決断の要因であったことを思い出すことです。

さらに重要なことは、**「テナントやお店の繁栄あっての施設だ」**ということです。この姿勢は、多くの大家さんに理解していただけると思います。少なくとも取り過ぎはなくなり、仕入原価が下がった分くらいは単価に反映させて還元してくれるはずです。

日本を代表する商業施設デベロッパーがこの考え方を受け入れて、電気代の単価を引き下げた例があります。その際も担当者の口からは、「お店の繁栄あっての施設です！　自分たちの売り上げと利益の拡大のためにこそ引き下げます！」との言葉が出てきました。

一方、株式公開を目指す躍進中の飲食店グループは、あまりにもひどい（高い）単価で電気代を徴収していた大家さんに、過去にさかのぼって過払い分を返還してくださいとの内容証明を送りました。どちらも事実です。

料金の仕組みを「正しく」理解して、無駄な経費の支払いは止めてください！

コスト削減point

何のためのテナント出店ですか？「最適な契約」こそ、相互発展につながります。

コスト削減の教材⑥

夏場のエアコンの設定温度を少し「高め」にすることで得られる効果は?

エアコンの設定温度を高めにすれば、電気代を節約でき、最終的にＣＯ$_2$の削減につながることはご存知だと思います。

外気温度が35℃の時、エアコン（２・２ｋＷ）の冷房設定温度を27℃から28℃にした場合（使用時間：９時間／日）年間で電気消費量16・３３ｋＷｈの省エネで、約３８０円の節約（原油換算で３・７９Ｌ、ＣＯ$_2$削減量　５・９ｋｇ）になります。

「なんだ！　たいしたことないな」と思わないでください。ちょっとした事務所では、エアコンの能力（出力）は20ｋＷくらいあります。夏場だと12時間は使用しています。そうすると、年間で電気消費量１９７・９１ｋＷｈの省エネで、４６０５円の節約（原油換算で45・９３Ｌ、ＣＯ$_2$削減量71・５ｋｇ）になります。さらに、24℃を28℃に設定できれば、この**4倍以上の効果**です。

とはいっても、社内で「今年は省エネの観点から24℃を26℃にしなさい」と言っただけでは、反発する社員もいてなかなか徹底されません。

先だって、大阪の年商8億円の幟《のぼり》メーカーの社長から「毎年、うちの社員は私の体の具合が悪くなるくらい低めの温度設定をします。今年こそ26℃を徹底したいのですが、一部社員から事前に反発が予測されるので、**環境問題と絡めた**乾坤一擲《けんこんいってき》の文書を作ってください！」と言われました。要望に応えて作った文書は次のとおりです。

コスト削減point

エアコンの設定温度を1℃上げるだけで(夏期)、電力消費は10%削減できます！

エアコンの設定温度を少し「高め」にすることを、理解・納得させる方法とは？

エアコンの設定温度って、なぜそんなに大事なのでしょう？

それは、このままでは地球がもたないからです。人類は65年で破滅します！

「まさか？　いったいどういうこと？」

日本ほどエアコンが普及して快適に暮らせる国はありません。世界で例を見ない国です。これほど贅沢に電気を使っている国はないのです。

皆さんが、エアコンの設定温度を１℃下げると、エアコンの消費電力は何と10％も増えます。そうすると、電力会社は10％発電量を増やさなくてはならないので、10％余分に石油を燃やします。

10％石油を余分に燃やすと、10％余分に二酸化炭素が出ます。二酸化炭素の排出量が増えると、地球温暖化につながり、気候変動による自然災害が増え、水害で工場が水に浸かったり、竜巻で工場が飛ばされるなどして経済的な損失が発生します。

つまり、このまま快適さのみを追求して、電気を贅沢に使い続けると、二酸化炭素の排出量はどんどん積み重なり、地球温暖化に歯止めがかからず、自然災害が頻発。つまり、65年後の二酸化炭素の排出により引き起こされる経済的損失と、65年後の地球総生産が一緒の数字になります。ということは、作ったものが全て失われる。生産がゼロ。ということは……。人は生きていけないのです。破滅です。

そんなことがあって、人類も馬鹿ではありません。国連が動いて『国際条約』ができました。それは『2010年度の全世界の二酸化炭素排出量を、1990年並みに戻しましょう』というものです。

日本は今、全世界の二酸化炭素排出量79億トン（年間）のうち12・6億トンも二酸化炭素を出している、ある意味とても悪い国です。ですから、日本は世界に約束しました。

「1990年並ではなく、さらに6％減らします！」と。

ところが、現時点では、逆に7％増で推移しています。あと13％も減らさなくてはなりません。そんなこと、不可能です。

「じゃあ、どうするの？　どうなるの？」

日本の国がまず、企業に、二酸化炭素の削減目標を割り振っていきます。次はお店、その次は家庭です。そして、達成できない企業は社名を公表されます。続いて達成できない企業には炭素税（環境税）という税金がかかってきます。これは、環境意識の高いヨーロッパではもう一般的になっています。

「環境面はわかったけど、なぜ26℃なの？」

省エネルギーを進めている財団法人省エネルギーセンターでは、夏は28℃、冬は20℃を強力に推進しています。

当社（先ほどの幟メーカーのこと）はそこまでは言いません。26℃でも他から比べれば贅沢とは思いませんか？　また、1℃設定温度を高めにすることができれば、当社で換算して原油で80L、二酸化炭素118kg、電気代で3万円が1年間で削減されます。

皆さんが、今まで24℃の設定にしていれば26℃にすることで、原油160L、二酸化炭素226kg、**電気代6万円が削減できる**のです。

電力会社の管内の工場も、事務所も、お店も、家庭も皆がエアコンの温度を1℃高めに設定できれば、なんと大規模火力発電所が1カ所が全く必要なくなるほど、すごい効果なのです。さらに言うと、**2℃我慢すれば、何と原子力発電所が1基いらなく**なります。原発は1基造るのに4000億円かかります。

皆さんも、この夏この1℃にこだわって、次の世代に良い地球環境を残す運動のスタートを切ってみませんか！

誰かがやってくれるであろうでは、誰もやってくれません。誰もしなくても、自分だけはやろう、我慢しよう。この気持ちを一人一人が持つことで、やがて輪が広がり、当社が、大阪が、日本が、世界が、元の美しい地球環境を末永く次世代に引き継げるようになるのです。暑い夏、寒い冬、それなりに楽しかった子供の頃を思い出してください。

この幟メーカーは従業員の大半が女性で、また子供（子孫）がいる方も多かったこともあり、昨年の夏、エアコンの設定温度が26℃を下回ることはありませんでした。社長いわく「むしろ、従業員が健康になった！　その分**医療費の削減で国に貢献したのでは？**」。取り組むことの価値をきちんと伝えることの重要さも合わせて物語っています。

コスト削減point

エアコンの設定温度を2℃上げて我慢すれば、原子力発電所が1基いらなくなります。

コスト削減の教材⑦

"コスト削減のDNA"が社員に根づく、電気のムダ遣いをなくす研修

世の中が「見える化」に気がつき始めました！

2004年、電力需要が毎年ピークを迎える夏前に、『オムロン、富士総合研究所など4社は共同で、企業向けにオフィスの電力使用量を監視・分析するサービスを開始した』こんな見出しが新聞に載っていました。

内容は、「日本の二酸化炭素排出量は工場など産業部門では頭打ち傾向にあるが、オフィス、一般家庭は増加傾向にある。情報技術を使って使用量を把握し、電気料金だけでなくCO_2排出量削減につなげる」というもので、これからどんどん出てくるサービスだなと予測していましたが、まさにその通りになってきました。

電力の計測システムを売る会社もあれば、計測した結果を基に電力の【運用改善】による削減提案をする会社、さらには改善提案が定着するまでをフォローする会社と、さまざまでした。

そんな中、大手の飲食店グループが成果報酬型で電力の【運用改善】提案を行う会社をコンサルに採用し、ＴＶでも放映されました。内容としては、店内設備ごとの分刻みでの詳細な電力計測データを基にした**全店員参加型の〝ムダとり〟**でした。

開店10分前からの点灯の徹底。昼休みの完全消灯。打ち合わせ時の太陽光の利用（打ち合わせ時は店内の電気を消して窓際で行う）。エアコンの設定温度をお客様の体感温度に合わせてこまめに変更。閉店後30分以内の全員退店の徹底等の活動です。

これによって、モニター店では月額50万円の電気代が40万円に下がっていました。ＴＶでは、「全店で採用されると年間で４億円の電気代の削減になる」とはやしていました。しかし、その後この方式が飲食業界に広がった話は耳にしていません。また、採用された省エネコンサルティング会社も、成果報酬型からシステム販売方式に一部ビジネスモデルを変更しています。なぜでしょう?

ここからは一部は予測ですが、無駄が見えたり見つかったりしたものの、それをなくす行動が従業員すべてにまでは定着しなかった。つまり、〝コスト削減のＤＮＡ〟が根づくまでには至らなかったのだと思います。

計測して、それを基に電力の運用改善マニュアルを作って、店長を通じて従業員に上から落としたとしても、コスト削減は定着しません。そこには、チェックの機能もなければ、評価の仕組みもないからです。P（計画）↓D（実行）までで終わってしまい、とてもC（チェック）↓A（アクション）にまでは発展しません。

そんな中、ここにきて**電気の使い方の研修を通じて**〝コスト削減のDNA〟を企業に、店舗に確実に植えつけるユニークな会社が出てきました。2005年の夏前からです。

皆さんも、プラン（P）だけで終わることなく、D↓C↓AのいわゆるPDCAサイクルが2回まわるうちに、〝コスト削減のDNA〟を全従業員に植えつけられるシステムがあれば、世の中の経営者は皆採用すると思いませんか？

コスト削減point

コスト削減が従業員の間に定着するには、チェック機能と評価の仕組みが必要です。

スーパーの店長が「これでコストが削減できるぞ！」と叫び出す研修とは？

〝コスト削減のＤＮＡ〟を全従業員に植えつけられると書きましたが、この研修の名前は『電力運用管理者育成研修』というもの。きっちり終了するとその施設の電気使用料の**10％は必ずと言っていいほど削減されます**。

しかも商業施設、事務所、工場を問いません（ただしデマンドが１２０〜１５０ｋＷ以上）。高等学校、生コン工場、大手量販店、生鮮スーパー、ホームセンター、ボウリング場、総合病院、オフィスビル、複合商業施設、パチンコホール、スポーツクラブ、老人ホーム等で大きな効果の実績があります。

ここまで言うのも、スーパー18店舗の店長・主任クラスが全員この研修に参加して、研修終了の翌月から3カ月間と、1年前の同期間の消費電力量を比べたデータを見たからです。最低の店舗で5・8％、最大の店舗では13・3％、**全店平均で10・2％の削減率**で、見事に10％を超えていました。省エネ業界では、**10％の削減は極めて高い評価を得られる**

数字です。金額にして**年間で3000万円を超える**削減額でした。

参加した店長の話だと、研修の内容は、集合研修2回2日間と、通信教育を3回だそうです。1日目の集合研修は業界を異にする会社3社6名の参加で、午前中は「省電力＝CO_2の削減＝〝宇宙船地球号〟を守ること」を嫌というほど教え込まれます。午後からは、研修に先立って自分のところに取りつけた電力計測器から採った過去2週間分の消費電力量データを基に、削減のポイントを教えられます。そこでは具体的なコスト削減方法までは伝授されません。

集合研修後に、3回の通信教育が始まります。「施設のエネルギー需要における電気代の割合を自分で調べなさい」「電気を消費している設備を全部リストアップしなさい」「その設備の消費電力を誰に調べさせるのが効果的かを表にまとめなさい」。そして、最後の課題が設備に詳しい人間が研修運営会社から派遣され、一緒になっての全設備の影響力調査です。

エアコン、バックヤードの蛍光灯、冷蔵庫……1台1台、1本1本の消費電力を調べ上げ、その**消費電力の全体への影響力を明確に洗い出します**。ここで、先ほどのスーパーでは、ある店舗の店長が「ここに削減のポイントがあったのか！　わかったぞ！　これで電気削減できるぞー！」と叫んだそうです。

そして最後の集合研修で、影響力調査等を加味して年間の『電気使用料削減計画書』をトレーナーのアドバイスの下、**参加者主導で完成**させます。

そこには、年間の電気の基本料金や使用量の削減目標、それを超えそうになった場合の対応マニュアル、達成状況の年間でのチェックスケジュール等がびっしりと書き込まれています。研修の最後には、「この計画書を職場に持ち帰って現場の方々にどう伝えるか！」のための**発表の訓練までやります**。

このように、徹底的に現場が主体で学び、実行し、全従業員に伝えて共有していくことが、コスト削減を継続するための唯一の方法といっても過言ではありません。

コスト削減point

参加者主導の『電力運用管理者育成研修』で、どこでも電気代は確実に10％削減！

「見える化」で現場に見えた、各企業の具体的なコスト削減アイデア

ここまで徹底的に行うと、業種によって、さまざまな削減の原石が見つかります。現場で見つけた、具体的な〝ダイヤモンドの原石〟を特別に公開しましょう。

ある物流会社のケース

年間の電力消費のピーク（デマンド値）は、毎年お中元のピーク時の夜の8時前後でした。また、自動仕分け機、ベルトコンベアが電力消費の中心で、現場はピーク時には制御（コンベアのスピードを少し落とす等）できないと勝手に思い込んでいました。

削減のポイントは、ピーク時のベルトコンベアの速度制御（最適化）でした。電力消費量はスピードの3乗に比例して増減します。**コンベアのスピードが遅くなれば、消費電力は格段に下がる**のです。

ある生コン工場のケース

デマンド値と最大出荷量との間には連動性は見られませんでした。また、荷揚げ、生コン製造、洗車の「同時稼動時」に電力使用のピークを記録していました。

削減のポイントは、『電気使用量削減計画書』作成の際に固めた、削減目標を超えそうになった際の、「**マニュアルに沿った確実な対応**」と、「**毎月の目標デマンド値を低めにすることでの制御可能機器・設備の早期発見・対応**」でした。

あるスーパーのケース

本店の2階にある本部事務所に、消費電力量が「見える」システムを設置。その数値を見てみると、夏場のデマンド値更新（最大の電力消費）時には、なんと店舗ではなく事務所のエアコンこそが最大値押し上げの原因でした。また、真夏の昼間ではなく開店直後にデマンド値近くの数字を記録していました。さらには、冷蔵庫のデフロスト（霜取り）のタイミングが皆同じで、そのことがデマンド値を押し上げていました。

削減のポイントは、「**店舗の電力消費ピーク時の、事務所の電力制御**」と「**開店前の空調の時差および［弱］からの起動の徹底**」および「**すべての冷蔵庫・冷凍機器のデフロスト（霜取り）のタイミングをずらすことによる、デマンドの重なりの回避**」でした。

ある病院のケース

夜間に、空調を中心にかなりの電力が消費されていました。また、同じく夜間にパソコンを中心としたOA機器の待機電力消費が、顕著に見られました。

削減のポイントは、「詳細データに基づき、曜日・時間帯ごとの空調運営ルールの決定による**夜間の空調機稼働の抑制**」と、「病棟運営会議でのデータに基づく深夜電力消費増加の指摘による、**帰宅時のパソコンOFFの徹底**」でした。

ある製造工場のケース

契約電力が490kWで、ラインの増設もあり、夏場の午前のデマンドのピークをこのままでは確実に超えてしまう状況でした。また、空調機も（能力的に）足りないくらいで、これ以上の制御はできない状況でした。

削減のポイントは、「夏場の深夜から空調機で工場全体を冷やし、製造ラインがフル稼働する**午前中のピークを、その余冷熱で乗り切る**こと」でした。深夜の安い電力を利用して、結果的にデマンドのピークが５００ｋＷを超えることはありませんでした。

あるパチンコホールのケース

ここでは、毎年毎年デマンドのピーク値を更新していました。従業員に省エネや節電を指示しても忙しさの中で全く徹底されていませんでした。お客様からたまに「暑い」「寒い」との指摘があるような店舗の空調環境でした。

削減のポイントは、『電力使用量削減計画書』の中で、毎月のデマンド目標値に関して常に**高めの設定**をし、目標を超えそうになった際の警報をより多くの従業員の携帯に飛ばし、さらにはその回数と対象が（意図的に）増えるようにしました。その中で、**空調機のこまめな制御が省エネには効果的である**ことを、データを見せながら理解・了解・納得させました。

最終的には、活動を通じて自分たちの体感温度でエアコンの温度調整をしていたこと、場所によっては（例えば人のいない交換景品展示コーナー等）**大幅に設定温度を上げることができることがわかりました**。とどめは、「毎月のこまめな省エネ活動の結果は環境への配慮につながる」ということで、経営者からわずかではありましたが、**使用量の削減に対してインセンティブの支給**が決まり、定着の緒につきました。

電気を大事に使う〝コスト削減のＤＮＡ〟が社員に根づく唯一無二の研修を受けて、あなたの会社も、電力消費を10％削減してみてはいかがでしょうか。削減効果以外にも、組織や業務改善の〝原石〟が「見えて」くるかもしれません。

コスト削減point

「見える化」で、組織や業務改善の〝原石〟も「見えて」きます！

コスト削減の教材⑧

二酸化炭素を排出する「権利」までもが取り引きされる時代に！

「うちでリースを組むと、今CO_2の排出権が○○トン付いています！」

このようなキャッチコピーを見たら「えっ?」と思うかもしれません。

『みずほFG　排出権の取得代行　東京リースと信託方式で　顧客のリスク軽減』なる見出しの記事が、2005年7月の日経新聞に小さく載っていました。この記事は、「みずほ情報総研とJパワー（電源開発）が、国連機関が発行する二酸化炭素（CO_2）排出権の取引仲介を手がけることを決めた」というものです。

『京都議定書』（地球温暖化防止のため、先進国等の温室効果ガスの排出削減義務を定めた国際協定のこと）で定められた温暖化ガスの排出削減目標値を達成するために、締約国同士が排出量の割り当てを取り引きできる仕組みを「排出量取引」または「排出権取引」といいます。この排出権取引を企業間でも行おうという試みが、この新聞記事です。

新聞記事によると、『取引の対象となるのは、化学メーカーのイネオスケミカル株式会社（東京・品川）が月内にも取得する排出権であり、購入希望企業に販売する予定です。購入企業は将来の取引本格化に備え、排出権を管理する口座開設や会計処理などを実践できることになります』『イネオスケミカル株式会社は、韓国での温暖化ガス削減事業により、年間140万tのCO_2排出権を取得する予定です。国連機関への事業登録はすでに完了し、今月中にも国連機関が発行する世界初の排出権を獲得する見通しです。また同社は、今秋を目処に、購入を希望する企業1社につき10～1000tの排出権を販売し、販売総量は数万トン程度を見込むということです』というものです。

この記事のポイントは、みずほ信託銀行が取得契約者として手続きなどの責任を負うため、買い手企業のリスク（直接イネオスから買うリスク）を軽減できることです。つまり、イネオスの排出権事業は、現段階では国連への登録済みでしかありません。認められるであろうと誰もが思っていますが、100％決まったわけではありません。そこで、排出権を買おうと思っている企業は、100％認められるまでみずほ信託銀行にお金を預ける（まさに、信託する）のです。これがリスクヘッジです。

もうひとつは、みずほ信託銀行が第1弾として東京リースというリース会社の取得を代行したことです。なんで、第1号ユーザーがリース会社かわかりますか？　普通はわかりません。リース会社がCO_2を排出しているのでしょうか?

実は、東京リースは**CO_2を排出する設備・機械のリースと排出権を組み合わせて販売す**ることを計画しているのです。まさに、他のリース会社との差別化です。

「うちは、リース料率は決して安くはありませんが、CO_2の排出権が○○トン付いています」ということです。

このビジネススキーム（仕組み）は、高いレベルでのCO_2削減目標を持った企業には営業の切り札になります。

コスト削減point

CO_2を排出する設備・機械のリースと排出権を組み合わせて販売という、新ビジネスも登場!

環境そのものがビジネスの対象（商品）となる時代の到来

もうひとつ、金融機関までもが必死になってCO_2の排出権の確保に走っている背景として、次の大きな流れがあります。2005年6月初旬の日経新聞では、『CO_2排出権価格が上昇・ロンドン市場』とありました。

この見出しの記事の内容は、『ロンドン市場で二酸化炭素（CO_2）の排出権価格が上昇している。天然ガス価格などの上昇から石炭シフトが進み、電力業界などに排出権のニーズが広がるという見方が強まっている。欧州連合（EU）が今年から排出権取引を導入したことで、市場参加者のすそ野も広がっており、投機マネーが流入し始めたという見方も出ている』というものです。

「CO_2排出権取引」とは、排出権が余った国や企業が権利を売却し、不足している国や企業が購入する制度です。EUが2005年から排出権取引を導入したのに合わせ、ロンドン国際石油取引所（IPE）が、その年の4月下旬から排出権の先物取引を開始しました。開始当初は1t当たり17ユーロ（1ユーロ=約136円）だったのですが、原油高を受けた5月末には初めて20ユーロを突破。**2カ月あまりで2割も上昇**しました。その時点での累計取引量は、排出量に換算して100万tを突破。まさにリアルな市場なのです。「将来的にはますますCO_2排出権の価値が上がる」と市場関係者が読んでいるからこその価格上昇です。もはや、CO_2の価格は将来にわたり変動はあっても、下がることは考えにくいものとなっています（2006年2月時点で22ユーロです）。

これが、金融機関までもがCO_2排出権マーケットに雪崩れ込んできた真相です。環境ビジネスに関しては、**世界の動きがつながっている**という点に注目してください。

環境とビジネスを両立させる時代を越えて、**環境そのものがビジネスの対象（商品）となる時代の到来です**。あなたは、あなたの会社はついて行けますか！

環境そのものがビジネスという時代を「正しく」知って、その流れに乗ってください!!

コスト削減point

CO_2が1トン2800円、価格はますます上昇中！
もはやCO_2は商品です！

コスト削減の教材⑨

水道の使用量を通じて、店舗のマネジメントの乱れを発見し一括管理!?

飲食店の経営者の方にお会いすると、決まって「水道料金をどうにか削減できませんか?」との質問があります。

その際に私は「水は生き物です。水道料金の削減には、節水システムを節水以外の目的で導入した上で、最終的にはマネジメント、つまり**【運用改善】で下げるしかありません!**」と自信を持ってお話ししています。

現在、私が自信を持って進めている、上下水道料金の【運用改善】による削減方法は……旧来からある節水システムをESCO方式、それも、シェアード・セイビングス契約で導入した上で、原単位管理による『水マネジメントシステム』を加えたものです。

わかりやすく説明しましょう。現在、飲食店で50店舗以上を展開している比較的水を使う業態のお客様に対して、次のようなコンサルティングを展開しています。

まず、50数店すべての店舗の蛇口の水圧を3日間かけて調べ上げます。元々ある設備

（機能）で水圧調整できるものはそちらで、そのような機能がついていないものは水圧調整弁を導入し、最終的にはどこのお店の蛇口であっても同じだけひねれば同じだけの水が出るように**（水圧を一定化）**します。

削減現場の検証方法は過去3年間の上下水道料金との比較をします。さらに、このベースの上に、原単位管理の手法を持ち込むべく、店舗間の比較基準統一のために、店舗間で違っているまな板の大きさの統一や融水解凍（凍った食材を事前に解かす作業）時の水の使い方、掃除手順と使ってもよい水の量、植栽への水のやり方と量などに関しても、**基準（マニュアル）を作り徹底を図ります**。

そうした上で、毎月1回の役員会に向けて、前月の水道料金をお客様の人数で割った全店舗の実績である「お客様1人あたりの水道使用量」を店舗ごとの月間推移と対前年比でまとめ、グラフ化して準備します。

当然、ワースト10、ベスト10にとどまらず、「対前年度同月比伸び率上位ランキングトップ10」「対前月比伸び率ランキングトップ10」等、店舗間の差異を見つけ出すべくさまざまなランキング、比較を行います。そして、基本的には上位にランクされた水の使い方で問題のある店舗の原因を、徹底的に洗い出して解決を図ります。その一方で、良い店舗の情報やノウハウの、店舗間での共有化を強力に推し進めます。

水は生き物です。あらゆる条件を統一した上での**同一基準による水道の使用量の定点観測**によって、いろいろなものが見えてきます。

例えば、店長とアルバイトの人間関係が悪化していれば、てきめんに上記の数字が悪化し、ワーストの上位にランクされます（節水が徹底されないので）。水道代の単価の安い地域（［例］赤穂市：下水代1㎥90円）の店長が、高い（［例］長崎市：下水代1㎥400円）地域の店長に異動になれば、こちらもワースト上位に顔を出します。気づかないうちに90円感覚で400円の水を使ってしまうからです。

このように『水マネジメントシステム』とは、水の使い方に関してそのシステムも運用方法も全店舗統一したうえで、使い方・使われ方の変化を店舗マネジメントに生かすシステムです。水の使用量を正しく知って、店舗のマネジメントに活かしましょう！

コスト削減point

同一基準による水道使用量の定点観測で、店長とアルバイトの人間関係までわかります。

コスト削減の教材⑩

下水道料金を何ら投資することなく削減する、最先端ノウハウ

下水道料金を投資することなく削減する方法、その1つは、『出口管理』です。

現在、下水道料金は、上水道で使った量がそのまま下水に流れると仮定し、上水道の使用量に下水道の料金単価を掛けて計算しています。ただ、実際には人が飲んだり清掃や散水でなくなる分など、下水に入らない消失分が少なからずあります。

『出口管理』は、そのような問題を解決するため、**実測値を基に下水道料金を支払う**という考え方です。具体的には、ビルや工場などの排水が1カ所に集まる場所に計測器を設置し、実際に下水道の本管に入った下水の量を測定するという方法です。

各自治体が制定する上下水道条例は、こうした事態を現時点では想定していません。そのため、このような実測値に基づいた料金計算を各自治体に認めてもらうには、手間がかかります。しかし、**削減できる金額は膨大なものであり、その効果は絶大**です。

例えば、2005年の『日経ベンチャー』のコスト削減特集には、横浜市のある食品工場が『出口管理』に変更することで「下水道料金が3割近く低い数字となり、金額としては1700万円強減った」事例が載っていました。

ただしこれを行うには、

①下水メーターの設置

②自治体との交渉

という2つの課題があります。

①の下水メーターは高価（200万円〜）なものです。また、取りつける場所や方法によって、設置料金に幅があります（数百万円かかる場合あり）。そのような中で、成果報酬型で（設備投資はすべてメーカー側でお客様にはノーリスク。下がった下水道料金の中から支払えばOK。ただし、支払い期間は3〜5年）①②を請け負う会社があります。

一方、下水道メーターを購入・設置して、メーター販売会社もしくは交渉代行業者と一緒になって②の自治体との交渉を行う方法もあります。

前者の方法は、投資リスクは少ないものの、削減金額の半分を長期にわたって請け負った会社に支払わなくてはなりません。

後者は、初期投資を伴うものの、回収期間は極めて短くなります。これらの方法は、会社の状況に合わせて選択するのが賢明です。

コスト削減point

時代は「減免申請」から「出口管理」へ。削減効果は絶大です!

近の傾向としては、口径別料金を採用する水道事業者が増えています。事業者は行政で、その内々格差は6倍（1 m^3当たり赤穂90円、福岡540円）に達します。

下水道料金は、汚水処理にかかる費用を賄うものです。これは、自然現象による雨水分については公費（市町村の財源など）で負担し、汚水分については、汚水の原因である利用者に負担を求めることが適切であるという**雨水公費・汚水私費**の原則に基づくものです。その料金は、地方公共団体の**条例**で定められています。また、料金については、能率的な管理をしている場合にかかる適正な費用をもとに設定されます。内訳は、**維持管理費**（人件費、動力費、薬品費など）と**資本費**（減価償却費、支払利息など）からなっています。多くの地方公共団体では、下水道料金について、**二部料金制**により料金を計算しています。

ただし、上水道のように計量メーターでの使用量の捕足が難しいため、単純に上水道の計測メーターの数値に下水道単価を掛けたもの（上水はすべて下水になるとの前提での計算）に基本料金を加えた数字が、請求金額となっています。

最近の下水道料金の動きを見ると、一貫して上がってきています。大きな原因の1つとして、下水道の普及が進んだことにより設備投資関係の負担が増えたことが挙げられます。

事業者は行政で、その内々格差は5倍近く（1 m^3当たり一宮100円、横浜459円）に達します。市場規模は上水と合わせて約4兆円です。

コスト削減 用語解説 仕組み編

【水道料金の仕組み(上水道、下水道)】

水道料金には、上水道と下水道の2種類があります。

上水道料金は、個々の利用者が使った水の量（使用水量）や使い道、水道管の口径の大きさなどによって決まります。まず、水道料金は、使った水の量に関係なく負担しなければならない**基本料金**と、使った水の量に従って負担する**従量料金**の二本立てで計算されるのが普通です。すなわち、**二部料金制**をとっています。

なお、従量料金については、使った水の量の多少にかかわらず、1m^3当たりの料金が同額の単一従量料金制、使った水の量が多くなるほど1m^3当たりの料金が段階的に高くなる逓増従量料金制（消費抑制型）や、それと反対に安くなる逓減従量料金制（需要促進型）などがあります。

次に、同じ量の水を使った場合でも、その使い道か、水道管の口径の大きさで、料金が違うようになっています。使い道で料金に差をつける方式は**用途別料金**といいます。これは、使い道を一戸建て住宅用（家庭用一般）、マンション・アパート用（家庭用集合）、営業用などに分け、それぞれの利用者の負担能力などによって基本料金や従量料金を変えたりするものです。一方、水道管の口径の大きさで料金に差をつけるのが**口径別料金**です。浄水場や水道管などの水道施設の規模は、平均的に使われる水の量ではなく、最も多く水が使われるときの水の量で決まります。

一方、大きな口径の水道管をつけている利用者は一度に多くの水を使えます。そこで、口径が大きいほど水道施設の費用を多く負担すべきであると考え、基本料金や従量料金を高くします。最

下水道料金削減策としての、地下水の利用

下水道料金削減のもう1つの方法は、**地下水の利用**です。

地下水は、保険所の水質検査をパスすれば、飲用に使っても問題がありません。とはいえ、都市部を中心に10都道府県の74区市町村では、くみ上げるパイプの太さや深度などの利用規制があります。さらに、25都道府県と310市町村が、条例などで独自に地下水の利用を制限しています。

裏を返せば、それ以外の地域では地下水の利用は可能であり、また規制がかかっていても条件をクリアすれば利用可能だということです。

地下水を掘るには、1000万円以上のお金がかかり、水の浄化システムの導入も必要になります。そうまでして、地下水を利用する理由は次の2つです。

1つ目の理由は、日本独特の水道料金体系です。

水道料金はたくさん使うところ（大口需要家）ほど単価が高くなっています。総じて、

大口（事業用）と家庭用（小口）の料金は**最大3倍程度の開き**があります。

そのため、井戸を掘り、水を浄化する設備への投資に数千万円をかけても割に合うのです。毎月上下水道を合わせて100万円以上支払っている施設で、設備設置スペースがあるにもかかわらず、井戸を掘らないのはもったいない！　と言い切れるくらいです。

また、最近はＥＳＣＯ方式で（設備はメーカー・販売会社側に負担してもらい、自社は設置スペースを提供するのみ）井戸を掘ってくれる会社もあります。自社で設備投資をする場合、毎月の上下水道料金は、新たなシステムのリース代やメンテナンス代を含めても**最大6割、平均で4割ほど削減できます**（設備の償却期間も2年以内です）。ＥＳＣＯ方式の場合は、投資リスクがないぶん、毎月の支払額に対して2割程度の削減となります。

もう1つの理由は、災害対策です。病院を中心に普及していることからもわかると思いますが、地下水は地震が起きても安心です。阪神大震災がそれを証明しました。

コスト削減point

水道料金は多く使うところほど単価が高くなるので、投資をしても元がとれることも！

コスト削減の教材⑪

都市ガスの一括購入交渉で、年1000万円ものガス代の引き下げが実現！

都市ガス代も電気代と同じで、基本的にはまとめて買えば安くなる料金体系です。

大型の駅ビル内の飲食店が集まり、都市ガス会社との契約を従来のお店ごとから飲食店組合に1本化することで、**年間で1000万円単位の都市ガス代の削減**に成功しました。

また、ガス利用の平準化推進のための選択メニュー（利用量が落ち込む夏場の料金を安くする、夕方のピークを避けるようなメニュー設定など）も増えています。

ビルなどにテナントで入っている飲食店の場合、電気代は大家さんがまとめて安く買って、それに受電設備への投資償却のための費用を含めてテナントに請求することが多いのですが、ガスの場合は、大家さんは関係なく、お店ごとに個別に都市ガス会社と契約していることが多いのです。**都市ガスの契約の1本化**は、これを利用します。ビルのテナントである各お店から、過去1年間分のガス使用の検針票をもらい、それらを元に1本にまとめたボリュームでシミュレーションすることでおおよその削減金額は見えてきます。

都市ガス会社との協議が可能な状況であれば、購買ボリュームのメリットに加えて、ガスの利用状況が年間を通じてさらに高いレベルで平準化することで選択メニューが適合し、結果的に1㎥当たりの**購入単価も大幅に下がる**ことになります。

単価だけから見ると従来の40％程度になることがあります（その分基本料金は高くなりますが、相殺しても余りあるメリットがあります）。これには成功例があります。

削減のポイントは、組合としてのまとまり（共同購入組織）をしっかりと作ることです。先ほどの、駅ビル内の飲食店組合では、浮いたガス代約1000万円（年間）をテナント各店にそのまま還元するのではなく、共有の経費としてプールし、組合維持費や販売促進費として積極的に使っていく予定です。素晴らしいことだと思います。1000万円をすべて販促に注ぎ込めば、相当の効果を得られるでしょう。

まさに、ポジティブでやり甲斐があって楽しい、そして**儲かるコスト削減**です。

コスト削減point

コスト削減の原理原則、都市ガス料金にも「まとめて買えば安くなる」が通用します。

たものです。なお、全国で230社前後の事業者があり、その内々格差（国内での価格の差）は 4 倍に達します。市場規模は約2.3兆円です。

一方、**プロパンガス料金**は、電気、都市ガスの認可料金と異なり、**事業者側が自らの判断で価格を提示する自由料金**です。都市ガスは東京ガスや大阪ガスなどのガス会社から供給されるのに対し、プロパンガスは地域ごとの供給会社（事業者といいます）と契約を結びます。しかし、今までは適切な競争が行われず（縄張りのようなものが事業者間に存在していました）、料金の内々格差が 3 倍もあるにもかかわらず、事業者を選べない状況が続いていました。料金も総額表示だけで行われる場合も少なくありませんでした。

こうした状況を受けて、「液石法」改正（1997年 4 月施行）により、料金制度の透明性を向上させるため、料金の構成やそれに含まれるサービスの内容を、消費者に分かりやすく示していくことを目的に、事業者側には「基本料金」と「従量料金」との合計で構成される二部料金制等の採用が新たに義務づけられました。いまだに基本料金と従量料金の表示さえしていない事業者は少なくはありませんが、一部の消費者が料金の表示や価格差の問題に気づき始め、徐々に価格競争が出てきているのが現状です。

なお、プロパンガス事業者は全国に 2 万7000社もあり、事業規模は約7000億円です。

コスト削減 用語解説 仕組み編

【ガス料金の仕組み(都市ガス、プロパンガス)】

ガスには、都市ガスとプロパンガスの2種類があり、住んでいる地域によってどちらかのガスが供給されています。

都市ガス料金は、都市ガスを使う量に応じていくつかの料金表があり、それぞれ料金が違ってきます。例えば、東京ガスでは6段階の料金表が、大阪ガスでは5段階の料金表があり、利用者が使用する量に応じて自動的に料金表が適用されます。家庭向けには、少ない使用量を対象とした料金表が主にあてはまり、商店、事務所、工場などには使用する量の多い料金表があてはまります。

都市ガス料金は、使った都市ガスの量にかかわらず負担しなければならない**基本料金**と、使った都市ガスの量に対応する**従量料金**を組み合わせて料金額が決められています。また、都市ガスを使う量に応じて、基本料金・従量料金を定めている**複数二部料金制**となっています。従量料金の部分は、使用する量が多い料金表ほど、料金単価が安くなっています。

都市ガス料金には、通常の料金メニューのほかに、**家庭用ガス温水床暖房契約の料金**のような、利用者の多様なニーズに対応する割引料金メニューが用意されています。

また、主に業務用・産業用の都市ガス料金には、**季節別契約**（冬季以外の料金を冬季より安くするもの）や、**時間帯別契約**（夜間の使用に対し料金を割り引くもの）などが用意されています。これらの割引料金メニューは、夜間などの低需要の時間帯や季節帯（低負荷時）に需要を移行させ（負荷平準化）、都市ガスの設備の利用率を高めて供給コストの低減を図ることを目的とし

コスト削減の教材⑫

プロパンガスの料金が全国でバラバラな理由、これから下がり出す理由

プロパンガスはLPガスをボンベで供給するもので、2500万世帯が利用していて、供給箇所数では2400万世帯の都市ガスをしのぐ市場規模を持っています。

プロパンガスは、正確に言うとボンベを買っているのではなく、そこにメーターがついていて、「決まっている単価×使った量」の金額で請求されます。同じプロパンガスにもかかわらず、国内ではこの**単価に最大で2倍以上の格差**があります。それも、県とか市の単位ではなく、もっと小さな**地域の単位で大幅な価格差がある**のです。

では、なぜ今までプロパンガスの料金が、地域によって大きく違ったのでしょうか。

それは、公益企業である都市ガスとは異なり、プロパンガスは供給区域や料金についての認可は必要なく、自由営業、自由料金の事業だからです。つまり、本来はプロパンガス業者を選ぶ自由が、消費者である私たちに与えられています。

ところが、プロパンガス業界は、事業者間の暗黙の了解が高値安定を支えてきた世界で、

新規業者による安売りや参入を徹底的に妨げています。より具体的には、『検針コスト』と『物流コスト』の高さが、参入障壁になっていました。

プロパンガスの事業者は「1000件(軒)のお客様を抱えていれば、親子2代は何もしなくとも食べていける」とまで言われているビジネスです。後継者がいなくて、1000件のお客様を抱えて事業を辞める際には、億単位のお金でお客様(事業)を引き取ってもらえるとまで言われていて、新規参入は困難でした。

しかし、ここにきて、電話回線を使っての自動検針および自動常時検針を最大限活用しての物流のアウトソーシングによるコスト削減により、全国各地に旧体質のプロパンガス会社キラーが現れてきました。やっと彼らがおおっぴらに動けるような環境が整ってきたといえます。今すぐの全国対応は無理ですが、一部の事業者では、要望があればその地域で供給可能な業者を探し、見積もりを出せる体制が整いつつあります。

コスト削減point

地域によって料金に最大2倍以上の格差があるプロパンガス。新規参入企業に期待!

コスト削減の教材⑬

通信費削減の勘所とは? "6カ条"を実践すれば、ズバリ80%オフも可能

2004年4月1日に『改正電気通信事業法』が施行され、通信サービスの提供条件や料金を、ユーザーごとに個別交渉する「相対契約《あいたい》」が解禁になりました。実はこれ、画期的なことだったのです。

法律の改正前までは、通信業者が作成した料金表と契約約款に沿った同一の条件でのユーザーとの契約だったものが、改正後は、ユーザーごとに異なる「相対契約」が可能となり、価格やサービスの提供条件に関して包括した交渉ができるようになりました。つまり、ユーザー側からすれば、**交渉を通じての大幅な通信費削減のチャンス**の到来です。

大手通信会社（第一種電気通信事業者）と大手企業との間では、規制が緩やかな傘下の第二種電気通信事業者を使って、以前から実質的な値引きが行われていました。その値引き率は60~80%とも言われています（固定電話の場合）。法改正により、通信事業者間の競争が、大手企業から中堅・中小企業に広がったとも言えます。

この「相対契約」を通信費の削減に活かす6カ条は次のとおりです（『日経コミュニケーション』相対交渉の6カ条より抜粋）。

その1　〃あいみつ〃は徹底競争、指値、合わせ技を使い分ける
その2　質問に満足に答えない事業者は出入り禁止にする
その3　日頃から情報収集に努め、事業者の〃隠し事〃を暴く
その4　サービスの質の維持には複数の事業者を競わせる
その5　乗り換えの誘いが来たら即、今の事業者にぶつける
その6　営業担当者や料金体系の変更は、こちら側の要求をのませるチャンス

結局は、相手の事情をどこまでわかっているか、自らの会社の通信の実情と課題をどこまで押さえているかがカギです。これさえきちんとできていれば、通信費の半減は交渉次第で「夢」ではありません。まさに、知らないと損をする時代の到来です。今の時代でも、「敵を知り、己を知れば百戦危うからず」の諺《ことわざ》は生きています。

では、6カ条を踏まえた具体的な交渉術とは？

まずは、通信事業者との契約協議に関して

1. 通信事業者との契約を「単純に更新する」のと「競争させる」のでは、ほとんどの場合**15%以上の価格差が生じる**との認識
2. 最初に提示された価格は、十分に見えても許容してはならない。相手は必ず交渉のための**余裕を残している**
3. 価格表はないが、**最低価格は存在する**ことの認識
4. **サービスレベルと価格を連動**させる
5. **定額料金**で契約する
6. 契約期間と総額は価格を決定する重要な要素であるが、企業の交渉能力は、それを**上回る削減を実現する**との認識

が大事です。

次は、必要に応じて外部の助けを借りることです。これは、今までさんざん言ってきた「価値ある横情報」の入手努力です。

いずれも、聞けばごく当たり前のことです。まずは、この交渉術を使って、次の事例をもとに身近な通信費の削減から着手してください。

携帯電話事業者に対しては、次のような交渉が可能です。

●長期利用割引を、1年目から適用してもらう。

●基本料金を数カ月間無料にしてもらう。

●KDDI、ボーダフォンが値引きで先行する現状をうまく使う。

東西NTTに対しては、

●NTT西日本が固定電話から携帯電話への発信料金で料金表以上に値引いた例があるというケースを利用する。

コスト削減point

「相対契約」の解禁で、交渉を通じての大幅な通信費削減のチャンス到来!

交渉とは、常にＷＩＮ－ＷＩＮの関係を築くことに尽きる

コストを下げたいと思ったら、相手とＷＩＮ－ＷＩＮの関係を築くことが近道です。大幅な値引きで一方的に得をすると、交渉相手は必ずどこかで取り返そうとします。

これには過去に苦い経験があります。大手情報出版社にいた時、私のお客様は年間で6億円もの広告を出稿してくれましたが、媒体の値引き率が30%を超えていました。毎年1%の値引きの攻防を繰り返していましたが、何か問題が起これば翌年の契約金額と値引き率に大きく影響していました。

守りに必死でした。ミスに対してのクレームも半端ではありません。そうしているうちに、いつの間にかクリエイティビティは吹っ飛び、ミスのない広告を作ることに終始してしまいました。当然、制作スタッフとの関係も悪化の一途をたどっていました。

一方、先輩のお客様の年間広告費は1億円でしたが、おつき合いが始まって以来、一度も値引きを要求してきたことがありません。いつも正価での契約です。先輩は常に余裕を

持って良い提案をし続けていました。周りの制作スタッフも良い作品を作り続けました。やがて会社が売上志向から、利益志向に大きく舵を切りました。10年スパンで見た時は、1億円のお客様のほうが会社から大事にされ続けた気がします。間違いなく多くの価値あるサービスを会社から引き出していたと思います。

WIN-WINの関係を築くためには、交渉相手である先方の会社の担当者が、何によって評価されるのかをつかむことです。売り上げなのか？　利益なのか？　それとも新たなサービスの採用なのか……。

相手が売り上げで評価されるなら、売り上げは伸ばしてあげるけれど、利益はこちらで確保させてもらう。相手が利益なら、利益は確保してあげるけれども、サービスレベルを上げてもらう。このように**相手のメリットを考えた交渉が、長い目で見て良い関係を築け、長いスパンでのコスト削減を実現**します。

コスト削減point

ポイントは、「先方の会社の担当者は、何によって評価されるのか」をつかむことです。

コスト削減の教材⑭

できる営業マンのやる気を落とさずに、携帯電話のコスト削減をする

知らぬ間に企業の通信費を肥大化させている、携帯電話のコスト削減手法を紹介します。調べてみて気がついたことですが、電話代の7割を携帯電話に費やす会社があるほど、どこでも通信費の中で携帯電話代が占める割合が増大してきています。中には管理の目が届かず、いつの間にかコストが膨れ上がっているケースも多々あります。コストが高止まりしていた携帯電話ですが、ここにきて状況が変わってきました。工夫によっては通信費の半減すら可能です。

削減のキーワードは、「ムダが多い**部署ごとの管理**の改善」「無駄や不便さを生みがちな**会社支給の携帯電話の見直し**」「**法人向けサービスや割引制度**の活用」です。

削減の手法は4つです。こうした手法を使って、住友商事はグループ全体で**年間1億4000万円**もの携帯電話に関わるコストを見事に削減しました。

手法1　グループ一括などで有効な「法人割引」で約10％の削減

会社や支社ごとに**契約を1本にまとめる**ことで、各社とも最大割引率は25％程度。これはあくまで基本料金の割り引き。これに、大口の場合は通話料割引を重ね、また複数年契約でさらなる削減を図ります。さらに、相対取引を行います。

手法2　ツールを使えばプランの最適化で、法人割引と合わせて約25％の削減

携帯電話には、多彩な料金プランがあります。ただし、利用回線数（契約台数）が多い場合、1回線ごとの利用状況を調べてプランを見直すのは事実上不可能です。そこで**アウトソーシング**です。住友商事グループは、プランの最適化で年間1億4000万円のコスト削減に成功しました。

手法3　業務と私用電話を〝相乗り〟で約50％の削減

公私分計サービスの利用です。会社支給の携帯電話を私用に使われるケースも防げるため、確実に無駄なコストを削減できます。

回線ごとの通話明細を社内Webに公開することで私用電話を抑えようとしてほとんど効果のなかった会社が、公私分計サービスを導入。月間で200万円の携帯電話代が100万円に**半減した例**があります。

手法4　モバイル・セントレックスで、内線も携帯で構築。機器代、通信を約50%削減

モバイル・セントレックスは、携帯電話を企業内の内線電話として利用できるサービスです。このサービスの最大のメリットは、**人事異動のたびに必要だった電話の工事費やPBX（電話交換機）の設定費用が不要となる**ことです。割高な携帯電話から固定電話への通話も、自動的に固定電話からの発信にすることもできます。

大阪ガスは、これらを中心に**年間で2億5000万円の削減**を見込んでいます。

そんな中、私の会社は現在、すべて個人の携帯電話を使っての営業活動になっています。

業務内容、役職に応じて、一定金額を業務用携帯電話代として支給していますが、当然ながら現場には不満があるようです。なぜなら、**業績の高い営業マンほどお客様とのやり取りが多くなり、出先からでも携帯を頻繁に使わざるを得なくなることで電話代がかさみ、支給額を超えて大幅な持ち出しになるという矛盾が生じているから**です。

そこで、携帯電話は会社で一括契約して基本料金の法人割引を受け、最新のツールを使って最適プランにして、かつ、基本料金が下がったのだからこれは個人に負担してもらい（個人の携帯電話という認識）、分計サービスでキッチリと公私の区別をつけてもらう。つまり、仕事で使用した正当な携帯電話代は正当に支払う。そのことにより、営業が安心して携帯電話を使えるようにすることです。

携帯電話のコスト削減の手法を「正しく」知って、大幅な削減を実現してください!!

コスト削減point

携帯電話は「公私分計サービス」を積極利用。〝相乗り〟で50％削減も可能！

コスト削減の教材⑮

コピー料金の、正しい削減の仕方って？

裏紙コピーの悪口は、第1章の誤解⑦でしっかりと書きました。悪口だけではコストは下がりませんので、コピー代削減の【運用改善】における正しい考え方とノウハウをきっちりとお教えしたいと思います。

世間にはコピー・プリンタ・FAXの裏紙使用を義務づけている会社が意外とあります。削減のコンサルティングに行くと、「うちは、コピー・プリンタ・FAXの裏紙を使って紙代をしっかり節約しています」「そこまでやっているので御社の出番はないのでは……」と結構言われます。

さて、考えてみてください。裏紙ってトラブルのもとになっていませんか？　本当に！

私自身、裏紙の裏紙（要は以前のFAX文書）を間違って再度処理したり、宛名が書かれていないFAX（実は処理の終わった裏紙）を持って「これは誰宛なのか」と社内を訊《たず》ね回ったりしたことがあります。

一番腹が立ったのが、私宛のFAXがいつまでたっても届かないので困っていたら、裏紙の宛て主の机の上に置かれていたり、「机の上のFAXを急ぎでお客様に送ってくれ！」との外出先からの私の指示に、間違って裏紙の宛名のところに送られてしまったり……。

これらはすべて実話です！　それも一度や二度の経験ではありません。数千円の節約のために、顧客の信用を失ってしまったのでは元も子もありません。あなたの会社でも、少なからずこれに似た経験があるのではないでしょうか。

怖いのは「裏紙を使うんだから、ミスコピー・ミスプリントしてもいいや」と、ついついコピー・プリントアウト前の最終確認を怠ってしまうことです。気の緩みです。

本当に大事なことは、**裏紙として使わざるを得ない紙自体を出さないこと**なのです。

では、どうすれば、今まで放っておけば必ず増えてきた、減ることのないコピー・プリンタ・FAXにかかるコスト（紙代を含めて）を削減できるのでしょうか？

繰り返しになりますが、もうちょっと裏紙の悪口を言わせて下さい。そのうえで、スッキリしてから話します。

①裏紙に使用するために、わざわざホッチキスをはずす手間（人件費がかかっています）。
②はずす最中にケガをしたらバンドエイドなどが必要。
③ホチキスを外し忘れてそのまま使ってしまったら、コピー・プリンタ・FAXが壊れます（場合によっては高い修理代がかかることも）。
④裏紙の保管に場所を取られる（中には、カラー、モノクロ、ホチキス付きで分別しているところも、スペースがいくらあっても足らなくなります。スペースもコストです）。

さて、スッキリしたところで対策を。コスト削減の基本方針としては次のとおりです。

1. 何にコストがかかっているのかを冷静に分析すること。
2. 使わないこと。極力、出力しないこと。
3. コピー代のコスト構造を理解して、使い分けること、まとめること。

コピー・プリンタ・FAX周りのコストの中で、大きなウエートを占めるのは、**実は紙代ではありません**。

一番は、カラーコピーがあれば、その**カウンター料金**（25〜50円）です。

次は、モノクロコピーのカウンター料金（多くは3～6円）です。

さらには、**カラープリンタのトナー消費**も、すさまじいものがあります。モノクロのレーザプリンタだってトナーを消費（4000枚／本）します。トナー1本2万～3万円はざらです。カラーはこれが4本必要です。インクリボンも高価です。

用紙代のみにとらわれず、コピー・プリンタ・FAXの一連の作業に関わるコストを考えて、本当に裏紙を使うことが良いことなのかを、冷静に考えてみる必要があります。

コスト削減point

そもそも、裏紙として使わざるを得ない紙自体を出さないことが重要です。

コピーよりプリントアウト、A4よりA3。意外と知らないコピー代削減の常識

コピー・プリンタ・FAXのコスト削減について、改めて考えてみましょう。

1. 何にコストがかかっているのかを冷静に分析すること。
2. 使わないこと。極力、出力しないこと。
3. コピー代のコスト構造を理解して、使い分けること、まとめること。

この中では2.の使わないことが、最も大切です。カラーコピーやカラープリンタで社内会議用の資料をたくさん作っている人を見ます。社内の資料で、カラーである必要がどれくらいあるのでしょうか? モノクロだって同じことです。

社内会議の資料には、①大きさ（サイズ）、②枚数、③色数の規定を設けてください。

お客様向けのプレゼン資料も同じです。色数と枚数が多ければインパクトがあると勘違

いしている人が意外と多くいます。また、色の具合を見たいとのことで、無駄なカラーコピーやプリンタでのプリントアウトをよく見かけます。恐ろしいことです。黒赤2色の原稿を4色カラーでコピーしたり、プリントアウトしている人もいます。本当にそこは赤色でなくてはいけないのでしょうか？　たぶん違います！

〝ムダとり〟の後は、3．の使い分け、まとめることです。

さて質問です。

Q1 コピー・FAX兼用機（複合機）の場合、送信FAXだけでなく、**受信FAXにもカウンター料金が適用**されますか？

Q2 コピーのカウンター料金と、レーザープリンタの1枚当たりの料金は、カラーもモノクロも**コピーのほうがはるかに高い**ですか？

Q3 カウンター料金は、**原稿サイズでは変わらない**（A4もA3も同じ）？

以上、**いずれも「YES」**です。

ということは、

「小部数のコピーをするよりも、プリンタで出力したほうがよい。わざわざコピー機のところまで足を運ぶ手間も省ける」「会議資料はA4を2枚並べてA3でコピーして作成」

といった方法が効率的です。

実際に、モノクロコピーのカウンター料金が5円を超えているお客様は、モノクロレーザープリンタにすれば、それだけでコストは半分以下になります。

スキャナーがあれば、カラーの印刷物をスキャナーに読み込み、カラープリンタで出力したほうが、カラーコピーよりはるかに安上がりです。

私の会社では、パソコンのプリンタをモノクロ出力に標準設定しています。そして出力する前に、カラーの必要性の有無を判断させています。試し刷りなんてさせません。お客様に出す資料も、本当にこれだけのボリュームが必要かを誰かが感じた時点で、指摘し合ったり議論したりします。また、資料がなくとも物事がどんどん決まっていく会議が理想です。目に見えるコストだけでなく時間という目に見えないコストの節約にもなります。

理想型は、コピー・プリンタ・FAXの3つの機能を併せ持った複合機を導入し、FAXは「パソコンtoFAX」で紙を出さない。部数と手間に応じてプリンタとコピーを使い分ける。3つの機能を持った機械が1つになるわけですから、設置スペースというコストも削減されます。

しかし、もっと大事なことは、なぜ何十、何百万円もするコピー機を買って、毎月紙を何万何十万枚も買って、さらにコピーするごとにコピー会社にカウンター料金という名の料金を支払わなくてはならないのか？　なぜコピー会社の女性から電話がかかってきて、わざわざ自分たちがカウンターのメモリー数まで読み上げているのか？　このことに疑問を抱くことです。そして、レンタルもしくはカウンター料金だけで機材の契約はできないか。定額サービスはあり得ないか。本当にメンテナンスをスポットで受けると高くなるのか。どんどん考えて相手にぶつけましょう。

企業の中には、既成概念を捨て去り、ネットオークションで信じられない値段でコピー機を購入し、スポットのメンテナンス契約（壊れたときだけ点検・修理）のみで大幅なコスト削減を実現しているところがあります。もちろん、問題なく運用されています。

既成概念からは1円の利益も生まれてきません。このことだけは事実です。

コピー機の【運用改善】の手法を「正しく」知って、確実に削減を実現してください!!

コスト削減point

極力使わないことと、使い分け・まとめること、そして素朴な疑問を抱くこと！

コスト削減の教材⑯

家賃・土地代もコスト削減が可能。契約あるところに交渉の余地あり！

昨年、某経済誌のコスト削減成功事例の特集に、東京に本社を置く運送会社が、地方で借りていた1000坪の土地代を大幅に削減したという記事がありました。大家さんとの協議の結果、10年前から月額100万円だったものを2003年は2割減の80万円に、2004年以降は3割減の70万円にしたうえ、差し入れていた保証金8000万円から、毎月20万円を地代とし相殺する形に契約変更した事例が輝かしく載っていました。

ポイントは、**事前準備と理論武装**。もう少し、詳しく説明しましょう。

協議の事前準備に必要なものは、①路線価など周辺の相場の推移、②対象となる土地や建物の登記簿③自社の経営状況をまとめたもの、です。これに、相手の実利に結びつく、税金の知識を絡めます。それから、保証金、敷金をも値下げの対象原資と考えるのです。

例えば、5年前にBSEで経営が厳しくなった焼肉チェーンにコンサルに行って家賃の契約書を見せていただくと、騒動の直後は皆さん必死だったのでしょう。その痕跡が契約書の中にたくさん残っていました。

多くは家賃・地代を下げてもらっていました。ただしそこには、「今回は20％オフにします。2年後は10％オフに戻します。4年たったら今の料金に戻すと同時に、値上げの交渉のテーブルについてもらいます」と、将来を含めて条件が記されていました。

お店が潰れてしまっては元も子もないとの大家さん側の譲歩もあったと思いますが、借りる側から見れば、持ちつ持たれつの関係の中での協議を通じてのコスト削減の成果です。

昨年は、こうした交渉をお客様に代わって行うアウトソーサーがたくさん現れました。従来であれば、見過ごされていたかもしれない家賃の分野でこうした専門企業が続々登場していること自体、**まだまだこの分野に関してはできていない企業がたくさんある**ということの裏返しでもあります。また、見方を変えれば経費をより効率的に使うことに、多くの企業が注目しはじめた証拠といえます。

コスト削減point

ポイントは「事前準備」と「理論武装」。できていない企業がたくさんあります。

家賃交渉の際の、アウトソーサーの活用の仕方はどうすればいいのか？

「うちは家賃に関しては相当見直したよ！」

たぶん、5～10％は下げてもらったのだと思います。しかし、何と比べて相当なのでしょうか？　アウトソーサーの**平均削減率は20％**です。

「大家さんには個人の地権者が多いので難しいでしょう！」

なぜ個人だと交渉が難しいと考えるのですか？　アウトソーサーの中には個人のほうがやりやすいとさえ言っているところがあります。

後は、アウトソーサーの活用の仕方です。**丸投げはダメ**です。彼らの報酬基準は高いところは年間での総削減金額の35％を3年間（更新期間）です。これを契約の見直しが行われた場合、その時点（新たな条件での契約締結時）で一括払いとなります。

都合105％ということは、1年目は報酬金額を加えると、削減効果はないということです。そのため、総削減額の50％を1年間のみ支払ってくださいという会社もあります。

まずは数社に見積もりを依頼すること。上がってきた店舗ごとの削減見積もりに対して、「自分たちでできるところ」と「任せたほうがいいところ」をしっかりと見極めて依頼する姿勢が大事です。

さらには、家賃が可能なら、固定資産税は、火災保険は……と、「**契約あるところ交渉あり**」と考えることです。

家賃・地代の削減手法を「正しく」知って、火災保険も固定資産税も削減してください!

コスト削減point

丸投げはダメ!「できるところ」と「任せるところ」をしっかり見極めましょう。

コスト削減の教材⑰

何よりも〝奥が深い〟のは、人件費削減の手法である『人時管理』

パート・アルバイトの方々の人件費削減の手法である『人時《にんじ》管理』は非常に奥が深い削減手法です。これは作業手順を見直すなどして作業効率を改善するボトムアップ型の人材マネジメントで、ストップウオッチを持って、パートさんを終日追いかけ回し、15分ごとの仕事内容をすべて洗い出すというくらい徹底した現場調査とそれに基づく業務改善を行うものです。そして、人が余った場合には人を切るのではなく、そこで余った人材を新たな部門にシフトさせ会社全体の生産性を高める。これこそが、『人時管理』の王道です。

〝人時〟のプロの方とホームセンターに一緒にコンサルに行った時に聞いた話ですが、その方がムダ探しに入れば、半日でその店舗における「いらない人」がわかるのだそうです。そして「○○さん、いらない！」と手元の調査票に書くのだそうです。しかも多くの場合、紙に書かれるのは、パートやアルバイトではなく社員だそうです。それくらい、現場にはたくさんの〝ムリ・ムラ・ムダ〟が落ちているとのことでした。

ところで、パートさんたちの最大の不満は「社員と同じ量と質の仕事をこなしているのになぜ自分達は給与が安いのか！」です。

最終的には、『人時管理』が根づくと評価の仕組みが確固たるものになり、頑張ればその分給与が上がるのです。

そして何よりも〝奥が深い〟のは、『人時管理』は多くの社長がやりたいと思ってもなかなか手をつけられず、先延ばしにしてきたことで、トップにとっては大きな決断を迫る仕事であるという点です。

〝人時〟のプロいわく「流通業における『人時管理』推進の過程で、現場はそれなりに頑張っていることも多いです。一番効率化しなくてはならないのは、実は管理している（気になっている）本社のスタッフなのですよね」と言われました。

こう考えると、本来、相手先企業の管理部門からコストダウンや人件費削減のアウトソーシングを受けるということは、それを**発注する側の人間は、少なくとも減らすことができる**ということです。〝人時〟のプロが言っていた、次の言葉が強く印象に残っています。

「実は一番『人時管理』をやりたいのは、店舗ではなく本部スタッフに対してですね」

「意味のない管理ばかりやっていて、管理するために必要のない仕事を作っては忙しがっている。本当は彼ら自身を一番にリストラ（再配置）したほうがいいんだよね……」

そのような、一番効率化しなくてはならない部署であり人材を相手に、現場における『人時管理』を推し進めていかなくてはならないところに、実はこのビジネスの難しさと〝奥深さ〟があるのです。

以前、**店舗のコスト削減プロジェクトに、本社管理部門の人間をあえて一切入れなかった某中堅流通業**の社長がいましたが、その意図がわかりました。

また、振り返って、コスト削減のコンサルに行って「ここは高いレベルでコスト削減ができているな！」と思った数少ない会社の管理部門は、どの会社も驚くくらいの少人数で運営されていました。

『人時管理』の奥深いナレッジを「正しく」知って、最大の固定費である人件費の最適化を図ってください！

コスト削減point

高収益の会社ほど、管理部門は少数精鋭です！

コスト削減の教材⑱

1店舗で年間4000万円、毎日11万円の商品ロス!!

小売業における商品ロスの原因を正しく把握し、改善を行う業務があり、それを『ロスプリベンション』と言います。商品ロスとは、商品の仕入れから販売までの間に、万引きやレジの打ち間違い、従業員の不正、商品の破損などによって生じる損失のことです。

売り上げ100億円の企業で**1%ロス率を改善しただけで1億円**です。これはいうまでもなく純利益です。書店やCDショップでは、これが2%とも3%とも言われています。

ある書店グループの本店での笑えない話があります。本店1階の平均ロス率はなんと6・2%でした。これは創業以来の高い数字だそうで、金額に直すと1日平均で11万2600円。11万円分ということは段ボール2箱分くらいに相当します。毎日営業中に2箱分の商品がなくなっているという勘定になります。原因の大半は万引きです。大手家電量販店の売上高上位企業の明暗を分けたのが、万引き対策の優劣によるロス率の差にあったという見方をする人もいます。

海外の流通業（ウォルマート、カルフール、テスコ等）には『ロスプリベンション』という部署があります。何をやっているかといえば、棚卸し・セキュリティ・売価変更（監査機能）です。商品ロスの原因となる「万引き・社内不正・伝票不徹底」をなくすことを目的とした部署でした。

さらに、『ロスプリベンション』の重要性の高まりを背景に、アウトソーシングで請け負う会社が業績を伸ばしています。現在日本を代表するディスカウンターやドラックストア大手の『ロスプリベンション』を一括して受けている会社もあります。

具体的な商品ロスの改善および業務の効率化のプロセスは、

設備・調達改善↓業務浸透化↓業務監査です。

これらを、アウトソーサーでは、

ニーズ調査↓防犯診断↓業務診断・金銭管理↓改善提案↓改善実施↓効果検証↓改善手法の修正↓再検証という流れで実行しています。

そして、最終的には、①万引きロスの削減と予防②伝票管理に起因するロスの改善③金銭管理に起因するロスの改善④商品管理に起因するロスの改善⑤社内不正の起きない体制を作り上げます。

このように『ロスプリベンション』とは、万引き防止だけではありません。商品が入荷された時点から売れていくまでの**プロセス全てにおけるロスの排除**です。

「『うちは万引きが多いのでロス率が高い』」と騒ぐ社長に限って、きちんとした在庫管理ができていない」という話があります。そういう会社ほど、「伝票には100個で、実入荷99個」を繰り返しているのです。これだけでロス率1％です。基本ができていないのでは元も個もありません。

この業務をアウトソーシングする際は間違っても、万引き防止対策中心の提案をする会社を選ばないでください。

いずれにしても、業績（利益）を万引きで左右されるようにはなりたくないものです。『ロスプリベンション』のナレッジを「正しく」知って、お金をドブに捨てないでください！

コスト削減point

仕入れから販売までプロセスすべてにおけるロスの排除、それが『ロスプリベンション』です。

コスト削減の教材⑲

電子入札は大手企業だけのものにあらず

『電子入札』（リバース・オークション）のアウトソーシング会社の社長から聞いた話ですが、大手流通業のイオンは自社で販売する商品やサービス以外は、基本的には**すべて電子入札で調達**しているそうです。

本書の冒頭で、リバース・オークションを行った結果、20億円のコスト削減を実現した量販店大手の話を書きました。その際、目覚《めざま》しく下がった項目は、**建築資材購入コストやエレベータ・エスカレータの保守・メンテナンス費用**だったそうです。

かつて九州の大手流通業で、過去に徹底的にエレベータの保守会社を見直し、年間３０００万円のメンテナンス経費を下げた話を思い出し、『電子入札』によるコスト削減の可能性をさらに強く認識しました。

Q1　どんな企業が『電子入札』を利用しているのか？

A1　流通業における日本の売上高上位50社（家電量販店等専門店を含む）の過半数です。

Q2　流通業ではどんなコストが下がるのか？

A2　什器各種（ゴンドラ、平台等）・建築資材・建築施工および改修・改装工事・原状復帰工事・PC／サーバー等・商業印刷物（ポスター・チラシ・パンフレット等）・装飾用販促物（看板、のぼり等）・事務用印刷物（帳票、伝票、封筒等）・値札等シール類・レジ袋（ポリ袋、ただし市況変動あり）・紙袋類一式・作業服・制服・清掃業務委託・設備メンテナンス・法定点検・運送・倉庫内作業（ピッキング等）・社員引っ越し代・その他、弁当容器等包装資材、洗剤など。

Q3　『電子入札』の運用一切をアウトソーシングで、しかも完全成果報酬制でやってくれる会社は何社くらいあるのか？

A3　はっきりとした数字はわかりませんが、専門会社が数社あります。

Q4　具体的な業務の中身と報酬は？

A4　一般的なサービスとしては、次のとおりです。

- **平均削減率20％を目指す。**
- **システム等の初期投資は一切不要。**
- **購買プロセス全体の手間が省ける。**

● 新しいサプライヤー（取引先）が発見できる。
● 購買のノウハウを体系化し、保存・共有できる。
● コストが下がらなければ手数料は一切不要。

そして、一番大事な報酬基準は、一般的に削減金額の25〜35％の一括払いです。

電子入札は①値段が安くなる分、質が落ちる、質に関するコントロールができない。②一方的に多くの会社に声をかけるだけで、安かろう悪かろうになってしまう。③中堅企業ではボリュームの面で難しい。④システムを導入しないとできない。このような誤解がありました。

これからは〝まとめて買えば安くなる〟の原理原則で、正しい消耗品のコスト削減を実現しましょう。

コスト削減point

メンテナンス費用から紙袋まで、まだまだコスト削減できる項目が見つかります。

コスト削減の教材⑳

行政がコスト削減のアイデアに1000万円！時代はここまできている

『行政が自らのコスト削減にインセンティブ！　なんと1000万円も！』こんな記事の見出しが、昨年10月の地方新聞に躍っていました。『コンペでコスト削減　和歌山県、全国初』なる見出しが続いた記事の内容は、次のようなものです。

『和歌山県は12日、財政の効率化を目指し、各部局にコスト削減のアイデアを競わせる「経営効率化コンペ」を12月に実施すると発表した。県によると、都道府県がコンペ方式で経費削減案を募集するのは初めて。木村良樹知事は「民間は血の出るようなリストラをしている。行政に民間の競争観念を取り入れたい」と話している。

県財政課によると、採用された案は来年度の当初予算に反映し、提出した部局には削減額の一部を上限1000万円で還元する。最優秀に選ばれたアイデアの提案者には、賞与の際に勤勉手当を加算する方針だ。応募は知事部局に加え、教育委員会や県警本部も対象。事業の廃止や民間委託、リストラなどの観点から今後2～3年間で実行する削減策を提案してもらい、知事や副知事が審査する。職員個人としての応募も可能』とのこと。

行政もいよいよ本気で、コスト削減にとりかかろうとしています。あなたの会社はどうですか？

コスト削減point

行政にまで民間の競争観念を取り入れる動きが出てきました！　乗り遅れないで!!

[著者]

村井 哲之（むらい・てつゆき）

株式会社コスト削減総合研究所専務取締役所長。第一種電気通信主任技術者。環境プランナー。

昭和32年山口県生まれ。広島大学政治経済学部経済学科卒。㈱リクルート、第二電電㈱を経て現在に至る。

㈱コスト削減総合研究所専務取締役所長のほかに、各企業において“コストマネジメント”の講師など、「ミスター削減」として各方面への積極的な講演・コンサルティングを行う。

コスト削減業界の先端ナレッジに鋭く迫る人気メルマガ『コスト削減ニュース“目から鱗100連発”』は、発行回数120回を超える。

社員のやる気に火をつける！ **コスト削減の教科書**

2006年3月9日　第1刷発行

著　者――村井哲之
発行所――ダイヤモンド社
〒150-8409　東京都渋谷区神宮前6-12-17
http://www.diamond.co.jp/
電話／03·5778·7236（編集）　03·5778·7240（販売）
装丁――中井辰也
本文レイアウト――中川由紀子・高橋明香（TYPEFACE）
製作進行――ダイヤモンド・グラフィック社
印刷――勇進印刷（本文）共栄メディア（カバー）
製本――宮本製本所
編集担当――和田史子

ISBN 4-478-37510-0